Discourse Studies Forum

话语研究论丛

第一辑（2015）

田海龙　主编

南开大学出版社

天　津

图书在版编目(CIP)数据

话语研究论丛. 第 1 辑,2015 / 田海龙主编. 一天
津:南开大学出版社,2015.12
　ISBN 978-7-310-05030-7

　Ⅰ.①话… Ⅱ.①田… Ⅲ.①话语语言学－文集
Ⅳ.①H0－53

　中国版本图书馆 CIP 数据核字(2015)第 284617 号

南开大学出版社出版发行
出版人:孙克强

地址:天津市南开区卫津路 94 号　　邮政编码:300071

营销部电话:(022)23508339　23500755

营销部传真:(022)23508542　　邮购部电话:(022)23502200

*

河北昌黎太阳红彩色印刷有限责任公司印刷

全国各地新华书店经销

*

2015 年 12 月第 1 版　　2015 年 12 月第 1 次印刷

260×185 毫米　16 开本　10.25 印张　197 千字

定价:36.00 元

如遇图书印装质量问题,请与本社营销部联系调换,电话:(022)23507125

目 录

《话语研究论丛》第一辑
2015 年
第 1-24 页
南开大学出版社

专　稿

转述言语研究的多维视角[*]

◎ 辛　斌　　南京师范大学外国语学院
◎ 高小丽　　河海大学外国语学院

摘　要　言语转述是人类言语交际中的一种普遍现象,很早就受到学者的广泛关注。20 世纪下半叶以来,关于言语转述的研究从传统句法转向了对转述言语的语用修辞功能的关注,研究范围也由过去的文学语篇扩展到非文学语篇,从只专注书面语篇到开始关注口语、会话等中的转述言语,先后出现了各种理论和方法。本文主要回顾和介绍关于言语转述的一些主要理论和视角。

关键词　转述言语;理论;视角

自古希腊时期以来,哲学、逻辑学、修辞学、文体学和语言学等各个领域的学者都从不同角度对言语转述这一现象进行了大量的研究,每个领域都从自己的理论视角、研究目的和方法论出发去探索转述现象。本文主要回顾和介绍迄今关于言语转述研究的各种理论和视角。

1. 哲学视角

在哲学研究中,转述言语通常被叫做"引语"(quotation)。哲学领域对转述言语的思考源于弗雷格(Frege)于 1892 年发表的 On Sense and Reference(论意义和指称)一文。在这篇主要探讨意义与指称问题的文章中他最先注意到说话人原话语和引语的不同。Recanati(2001: 1-2)认为,转述言语在哲学方面的研究一般试图回答以下三方面的问题:

[*] 通讯作者:辛斌
联系地址:江苏省南京市(210097)宁海路 122 号,南京师范大学外国语学院
电子邮件: xinb5906@yahoo.com.cn

（1）什么是引语的指称？它只是一个语言表达？或者仅是一个载体？它是一种类型（type）还是一种标记（token）？有没有可能既转述其内容，同时也保留其形式？

（2）在引语中，什么在指称？是引语本身在指称？还是引号在指称？

（3）到底什么在充当引语的角色？它仅是一种描述（description），还是一种指示（demonstrative）？

对于这些问题的不同回答，形成了几种不同的引语理论：同一论（Frege, 1892; Washington, 1992）、专名论（Tarski, 1956; Quine, 1940）、描述论（Geach, 1950）、指示论（Davidson, 1979; Cappelen and Lepore, 1997）、展示论（Clark and Gerrig, 1990; Recanati, 2001）、明示论（Saka, 1998）、去引用论（Richard, 1986）等等。

同一论（the identity theory）最早由弗雷格提出，他在《论意义和指称》这篇文章中指出："如果词语被以通常的方式使用，人们所想谈论的是其指称。然而人们有时也希望谈论词语本身或者其意义。例如，当引用另一个人的话语时便是如此。这时说者自己的话语首先标示另一说者的话语，而只有前者的话语才具有其通常的指称意义，从而我们就有了符号的符号。在书写中，这样的词语被打上引号。因此，处于引号之间的词语不可被认为具有其通常的指称意义。"（Frege, 1892: 144）这段话道出了同一论的中心思想，那就是"在引语中，词语被用于提及它们自身"（Washington, 1992: 583）。也就是说，引语由起标示作用的引号和有"提及"（mention）功能的语言表达式构成，当一个词语被放入引号内，就都具有了提及功能，引语的指称与被引用的表达式本身同一，被引用的表达式提及自身。"无论其通常的句法功能是什么，被引用的材料充当一个单一词的功能；无论其通常的语义功能是什么，被引用的材料在那种语境中指称自己。"（Garcia-Carpintero, 2005: 97）由此看来，引号所起的作用只是标记，表明引号内的语言表达式只是被提及，而没有通常被"使用"（use）时的外延或者指称意义。这里所说的"提及"和"使用"两个概念涉及引语研究中的一个重要区分。所谓"使用"是指使用词语指称或者谈论语言外的现实中的人或事物；所谓"提及"则指词语的反身用法，即一个词语被用来指称它自己。例如：1）He hates Mary. 2）He hates "Mary".（1）说的是"他"恨玛丽这个人，（2）说的是"他"恨"Mary"这个词或名字。

专名论（the proper name theory）源自 Tarski（1933）和 Quine（1940）。专名论认为，引语是其所指的名称，执行指称功能的是整个引语，"加引号的名称可以被视为类似于一种语言的单个词……这些名称的各个构成成分充当的功能就像单个词中的字母和相邻字母的组合。因而它们不可能具有独立意义"（Tarski, 1933: 159）。Quine（1940: 26）也持有类似的观点："从逻辑分析的角度，每一引语整体上都必须被视为一个单一的词或符号，其各组成部分只不过相当于衬线或者音节……整体的意义不依赖于其各构成词语的意义。"专名论认为，引语中执行指称功能的是整个引语，它以专名的形式指，但是究竟指什么，专名论却难以回答。

描述论（the description theory）是 Geach（1950）在专名论的基础上提出的，以保证"表达式的被引用系列总是被引用表达式的系列"。描述论在保留引语是专名的基本思想，增加了"基本单元"（basic units）这一概念。Geach 认为，任何语言都有一组基本单元，比如字母、单词等，既可以逐字母地描述词，也可以是逐字描述被引用的词语。描述论处理的是一个有限的基本单元集，因而引语就具有了潜在的产出性，但由于描述论基于专名论，所以也无法克服专名论的所有缺陷。

指示论（the demonstrative theory）源自 Davidson（1979）。他是在批评专名论和描述论的基础上提出引语指示论。指示论有三个基本要点：1）引号有指示或索引（indexical）功能，用以指称引号内表达式的形状（shape），因此引号是"其例示在这儿的表达式"；2）引号内的表达式不指称任何东西；3）引号可以被改成文字，将引号内的东西从句中移开，因为引号内的东西不发挥语义功能。（见王爱华，2007：3）指示论被认为是 20世纪语言哲学最有创见的理论，但它的问世也引来无数的争议。

展示论（the demonstration theory）由 Clark 和 Gerrig（1990）提出，他们认为引语的作用在于展示："引语是一种展示，就像你展示网球的发球、朋友的跛行或者钟摆的摆动，你也可以展示一个人在说话时的作为。"（Clark and Gerrig, 1990: 764）。另外，他们还认为，人们可以通过三种方法实施言语行为：指示（indicating/pointing）、描述（describing）和展示（demonstrating）。指示是指出事物的所在，其主要功能是标示（designate）事物；描述必须使用语言，侧重思想内容的表达；而展示不一定通过语言，其作用是能够"使他人体验所描绘的对象"（同上：765）。请看下面的例子：

（4）a. She said, "well I'd like to buy that suit."

　　　b. She told him that she wanted to buy the suit.

（Clark and Gerrig, 1990: 764）

前一个例子的说话者是在向受话人展示顾客在向店员说话时究竟是怎样做的，而后一个例子则只是描述顾客的行为和所说的话。在 Clark 和 Gerrig 看来，直接言语是一种展示，而间接言语仅是一种描写。另外，自由间接言语也是一种展示，只是这种形式采用的是当下说话者或引用者的角度而不是被引用者的角度。此外，他们还把 Recanati 定义的开放类引语称作"合成式引语"（incorporated quotation），认为这也是一种展示，但展示的同时又被"使用"于包含它们的话语中，也就是说，它们既展示又描述。

明示论（the ostension theory）是 Saka 根据 Sperber 和 Wilson 的关联理论提出的，他

将自己的理论称作"消除歧义的明示论"（the disambiguated ostension theory）。根据他的理论，引号表示说话人所明示的不是词语正常的外延（denotation），而是其他特征，至于是什么特征取决于语境上下文。Saka 把这叫做 Q（quotation）原则（Principle Q）。Saka（1998: 126）把这一思想用"使用"和"提及"的形式表述如下：

（use）说话者 S 使用一个词句 X 当且仅当

（i）S 展示 X 的一个标记；

（ii）S 由此明示了与 X 相关联的多项特征（包括其外延）；

（iii）S 打算把听者的思想指向 X 的外延。

（mention）说话者 S 提及一个词句 X 当且仅当

（i）S 展示 X 的一个标记；

（ii）S 由此明示了与 X 相关联的多项特征；

（iii）S 打算把听者的思想指向 X 的除外延之外的某种其他特征。

Saka 认为，在使用间接言语时，说话者意图让受话者关注引语的所指或其要表达的内容，而在直接言语上，说话者的目的是让听话者注意除引语自身及其表达内容背后的其他相关特征，至于要关注哪方面的特征则要从语境上下文来判断。最后，Saka 认为，"使用和提及是一枚硬币的两面，虽然不同但却相互蕴含"（同上：131）。

由于指称论过于复杂，Richard（1986）提出了相对简单的去引用论（the disquotational theory）。他的理论有一个"理查德去引用图式"（Richard's Disquotational Schema），简称 DQR（DQR：对任意表达式 E，左引号（lq）加上表达式 e 再加上右引号（rq），指称 e）（Richard, 1986: 397）。根据去引用论，引语的语义值就是引号内的表达式。引语不是专名、描述语或指示语，而是能将一个表达式变为论元（argument）并给其赋值的功能算子（functions）。去引用论可能是最简单、自然的引语理论，其 DQR 图式简单，不需要我们对句子表层结构作复杂假设，这显然是对指示论的改进或批判。

虽然以上 7 种哲学引语观对引语的"什么在指""如何指"和"指什么"三个问题给予了不同的解答，但是仍然没有一种引语观能全面合理地解释实际发生的语言现象，原因在于这些研究仍然徘徊在引语的结构本身，忽视了其与引语使用者和转述语境的联系，因此无法揭示引语运作的本真。

2. 词汇语法视角

语法学家历来关注各种转述言语的形式变化，重视对这些变化做出词汇句法上的描述。Quirk 等人（1985: 1020）认为，一个较完整的转述一般应包括两部分：转述句（reporting clause）和被转述句（reported clause）。转述句除了起引导转述句的作用，它还可以指明说话者和言语或写作交际行为（Caroline said; Caroline wrote）、指称听话者或受话人（Caroline told us）、表明说话方式（Caroline said hesitantly）和行使这些言语行为的环境因素（Caroline replied; Caroline explained; Caroline said while washing her hair）的作用；被转述句指所转述的言语自身，以直接言语（direct speech）或间接言语（indirect speech）形式出现。在 Quirk 看来，言语转述其实只有直接言语和间接言语两种模式，而自由直接言语（free direct speech）和自由间接言语（free indirect speech）属于次类别，也就是说，自由间接言语本质上属于间接言语，自由直接言语则属于直接言语（见 Quirk, 1985: 1032）。

Quirk 等人（1985: 1026-1032）重点研究了间接言语，从四个方面描述了英语中的由直接言语转化成间接言语的句法特征：

a）时态的"后移"（backshift）：直接言语转成间接言语后，时态要从"现在"变成"过去"：

DIRECT SPEECH   BACKSHIFT IN INDIRECT SPEECH

（i）present   →past

（ii）past   →past or past perfect

（iii）present perfect

（iv）past perfect   } →past perfect

（Quirk et al, 1985: 1026）

b）其他"变化"（changes）：包括人称变化（pronoun shift），即从第一人称（1st pronoun）和第二人称（2nd pronoun）转成第三人称（3rd pronoun）和名词；时间变化，如 yesterday—the day before yesterday/last Monday/June 10，now—then，next Monday—last Monday/Monday two weeks ago；地点变化，如 here—there/there—here；还有一些单复数之间的指示词（demonstrative）的变化，如 these—that/those。

c）间接言语的句型变化：英语有四种间接言语句子形式，即陈述句、疑问句、感叹句和祈使句。Quirk 等人指出这四种句子转成间接言语的句法特征：

INDIRECT STATEMENT: *that*-clause

INDIRECT QUESTION: dependent *wh*-clause

INDIRECT EXCLAMATION: dependent *wh*-clause

that-clause

INDIRECT DIRECTIVE: *to*-infinitive clause (without subject)

（Quirk et al, 1985: 1029）

d）虚拟语气（subjective）和情态动词（auxiliaries）。

对于愿望型虚拟语气（optative subjunctive），一般用 may 或 might，请看下面的例子：

（5）a. God bless American! she said.

b. →She expressed the wish that God *might bless* America.

授意型虚拟语气（mandative subjunctive）句子的时态不需要后移，如：

（6）a. "We insisted that he leave at once," she said.

b. →She said that they (had) insisted that he leave at once.

其他的过去虚拟语气和假设虚拟语气都要后移到过去完成时，请看下面的例子：

（7）a. "If he were here, he would vote for the motion," she said.

b. →She said that if he had been there, he would have voted for the motion.

（8）a. "If she stayed another day, he would drive her home," he said.

b. →He told me the following week that if she had stayed another day, he would have driven her home.

对于情态动词也是如此，如果句子是现在时态，也要相应地把时态后移，变成过去式形式，如下例：

（9）a. "You *may* be able to answer this question," he told her.

b. →He told her that she *might* be able to answer that question.

（10）a. "I *won't* pay another penny," I said.

b. →I said that I *wouldn't* pay another penny.

但是，若直接言语中的情态动词已经是过去式形式，那么转化成间接言语后就不需要再进行时态的后移：

（11）a. "You *shouldn't* smoke in the bedroom," he told them.

b. →He told them that they *shouldn't* smoke in the bedroom.

（12）a. "I *could* speak Spanish when I was young," I said.

b. →I said that I *could* speak Spanish when I was young.

（Quirk et al, 1985: 1031）

在以上这些例子中，情态动词仍然保持原来的过去式形式。

Dixon（2005）研究了用以引导补语小句（complement clause）的动词形式。每一种语言都有一些动词，用来引导直接言语，以转述可能已经说出的话，例如英语中的 announce, tell, instruct, ask, mention, declare 等；这些动词都用来指称一些已发生的言语事件。"许多语言，包括英语，还有另外一种转述方式——'间接言语'，它把所转述的言语建构成'从属小句'（subordinate clause），也叫作'补语小句'（complement clause）。"（Dixon, 2005：36-37）Dixon 把英语中用于转述言语的从属小句归纳为以下几种主要形式：

1. 由 that 引导的从属小句，例如：

（13）He announced [that Roosevelt had won another election]

2. 疑问句由直接言语变为间接言语，如果是特殊疑问句，从属小句用一个以 wh-开头的词来引导；如果是一般疑问句，则用 if 或 whether 来引导。例如：

（14）John asked [who had left the window open]

（15）Mary asked [whether/if the Saab was back yet]

3. 从属小句的主语采用名词所有格加动词的-ing 形式。例如：

（16）The office boy mentioned on Tuesday [Mary's having been late again that morning]

4. 从属小句为带有逻辑主语的动词不定式。例如：

（17）Captain Smee decided [for Mary to lead the parade]

（18）He instructed me where to put my bag.

一些学者从转换生成（transformative-generative）的角度探讨了言语转述。例如 Banfield（1973）在探讨直接言语、间接言语和自由间接言语的特征的基础上提出了其转换生成结构语法。Partee（1973: 410-411）旨在考察言语转述的句法特征，不过他主要关注的是直接言语的一种形式，如下例：

（19）The other day Tom said to me, "My grandfather was killed with a knife by a bachelor."

在这个例子中，直接言语并不是直接做 say 的宾语，而是作为完整的句子嵌入。另外，Partee（1973）还注意到了言语转述的"元语言"（metalanguage）用法，例如：

（20）"I am speaking now" is always true when spoken.

（21）"John didn't answer three of the questions" is ambiguous in my idiolect.

（22）"I talk better English than the both of youse!" shouted Charles, thereby convincing me that he didn't.

（23）When you said, "You won't be able to answer three of the questions," I guess I took it the wrong way. （Partee, 1973: 416）

在以上四个例子中，例（20）和（21）都很少在口语中使用，而且有些不自然，并且它们都没有使用转述动词，这些引号内的内容只指称自身，属于"元语言"用法，类似于"纯粹引语"（pure quotation）或者"封闭式引语"（closed quotations）；而例（22）和（23）则不同，所引用部分和其他部分一样从语义和语法上行使功能，构成一个完整的句子，它们才是我们通常所说的转述言语或者他人话语。

在系统功能语法（systemic-functional grammar）里，转述言语被视为逻辑语义关系的一种映射（projection）。Halliday（1994/2000: 250-213）把映射分为三种情况：一种是"语言映射"（locution），一个小句作为措辞被另一个映射，如 He said: It is snowing，Halliday 把这种映射描述为小句间的一种相互依存关系，一个起激发的作用，一个起承继的作用，二者地位同等，他把这种关系称为并列关系（parataxis）；另一种是"观点映射"（idea），一个小句作为观点被另一个映射，如 He said it was snowing，一个占首要地位，一个占次要地位，Halliday 把这种关系称为从属关系（hypotaxis）。还有一种是"事实"（fact），包括事例（case）、机遇（chance）、证明（proof）和需要（need）四个内容。如下图所示：

表 1　四种类型的映射关系（Halliday, 1994 / 2000: 256）

Taxis Projecting process	Quote paratactic 1　2	Report hypotactic α　β
Locution　" verbal	wording　　　　1　"2 She said, 'I can'	Wording represented　α　"β She said she could
Idea　　' mental	Meaning represented　1　'2 She thought, 'I can'	Meaning　　　　α　'β She thought she could

Halliday 认为"语言映射"主要发生在词汇语法层面（at a lexicogrammatical level），而"观点映射"主要发生在语义层面（at a semantic level）。不得不指出的是，对于"语言映射"，很多情况下作者援引别人的话时，并不仅仅追求与原话语在形式上一致。当我们使用"直接言语"（direct）"引用"（quote）时，意味着我们开始重新利用原来言语事件中的措辞，这时"被映射句"（projected clause）不必完全去适应映射句（projecting clause）的情态（mood）、指称（reference）、语域（register）和口音（dialect）等。如下例：

（24）"Well, what about her, your London woman?" she said after they had started to eat.

（25）"Speak English," said Curran.

（26）They forget how to deal positively with life, to think and say, "I get it!"

（27）Meurig said readily: "He come with me."

（Thompson, 2000: 206-207）

以上例子中，被映射句无需与映射句相匹配，比如时态、语体、语气等。

对于"间接言语"（indirect speech），进行"转述"（report）时，我们映射的不是措辞，而是原言语事件的意义（meaning），与直接言语不同，被映射句需要和映射句很好地嵌入在一起，比如语气要适应现有的语境和目的，而且还必须在语域等因素上与现有情形达到一致。如下面的例子：

（28）I asked Moody if he thought other business could use Microsoft as a model.

（29）He told me to give you the following instructions.

以上两个例子均为间接言语，被映射句与映射句融合为一体，被映射句需要在语境、语气、时态、语态等各方面与映射句保持一致性。

还有一种是"嵌入"（embedded），被映射句既不是言语（verbal）过程，也不是心理（mental）过程，而是"事实"（fact）。请看下面的例子（Halliday, 1994/2000: 266）：

（30）that	Caesar was dead	was	obvious	to all
Carrier		process: relational	Attribute	Receiver

在这个例子中，"Caesar was dead"是一个映射，但是却没有什么言说或思想过程来映射它，它的地位仅仅是一个事实，实际上它的作用相当于名词"事实"的一个修饰限定语，如"the fact that Caesar was dead was obvious to all"。不管哪种情况，有一点是确定的，那就是它是被嵌入句子中的。它没有涉及任何映射过程，因而也没有任何并列或从属关系，仅仅是作为一个事实嵌入句子中：或者作为名词"事实"的修饰限定语，或者仅以自身的名词化（nominalization）形式出现。Thompson（2000: 208）还把以上三种基本的情况列表如下：

表 2　映射的基本范畴

	Locution (verbal)	Idea (mental)
Quote (paratactic)	"Haven't seen much of you lately," continued John Franklin.	Not I reflected that she would solve my problems for me.
Report (hypotactic)	The report points out that milk fat is mostly saturated fat.	He hoped to goodness that the LA fight would called soon.
Embedded	All I wanted was an admission [[that she was there]].	Her decision [[to come back]] was to do with Bill.

除了以上三种情况，Halliday 还探讨了"自由间接言语"（free indirect speech），也有人把它描述成"介于直接和间接言语之间的中间产品"，但他认为这种说法严格说来并不恰当。请比较以下的例子：

（31）Quoted ('direct')　　　　"Am I dreaming?" Jill wondered.

（32）'Free indirect'　　　　Was she dreaming, Jill wondered.

（33）Reported ('indirect')　　Jill wondered if she was dreaming.

以上的 3 个例子中，第二个就是自由间接言语，它兼有直接言语和间接言语的特点：首先，它是一个并列结构，被映射的句子是独立的，可以保持原转述方式，但是它却不是直接言语，而是间接言语，所以人称、时间等都要发生相应改变，如"Was she dreaming"；其次，它既可以以言语过程映射，也可以以心理过程映射，包括了所有的命题内容；再次，自由间接言语的语调（intonation）似乎与直接言语的一样，并没有跟从间接言语，被映射句处于独立地位，而映射句紧跟其后作结尾。

Halliday 对转述言语阐释的独特性，在于他把转述言语看成是一种"映射"，并提出了一系列关键性的范畴，如"语言映射""思想映射""引用"（直接言语）、"转述"（间接言语）、"事实""嵌入""自我映射"（self-projection）等概念，并且运用"言语过程"和"心理过程"等来解释各种转述方式以及它们之间的异同。这样，Halliday 就很好地把言语转述划入他的系统功能语法之中，一方面他从一个新的视角加深了转述言语的研究，具有创新性；另一方面也再一次表明了系统功能语法体系的可验证性、系统性和完整性。当然，Halliday 对转述言语的研究也有缺陷，比如脱离语境，没有对具体语境下的转述言语进行考察；对各种转述方式的区别与传统语法实际上并无不同，只不过是运用了一些新概念，有点"新瓶装旧酒"之嫌；此外，他所研究的语言是英语，对于其他语系或语种是否适应，仍待日后探讨等等。

传统的哲学和语法学对言语转述的研究基本上都是形式主义的视角，着眼于各种转述言语之间转化时的句子结构和词汇语法形式上的变化，较少关注具体语境里的转述言语的语篇或语用功能。Volosinov（1973: 128）尖锐地批评了这种"将转述言语从一种形式变为另一种形式的机械的纯粹语法模式"。他对各种形式的转述言语的讨论着眼于其语篇语用功能，将转述言语定义为"言语内的言语，话语内的话语，同时又是关于言语的言语和关于话语的话语"（同上：115）。就是说，某句话被从它原来出现的语境中分离出来，变成了另一语境中的话语的一部分，从而在同一句法结构中暗示不同时空概念的语境发生了相互作用。因此，他特别强调引语与转述语境或引述者话语之间动态的作用关系："在转述引语和转述语境之间作用着高度复杂和紧张的动态关系。不考虑这些关系，要想理解任何形式的转述引语都是不可能的"（同上：119）。接下来的文体学、语用学和批评话语分析视角都在一定程度上关注了转述言语的语用修辞功能。

3. 文体学视角

在文体学领域，转述言语也一直是文论家所关注的对象。例如，转述言语在巴赫金的对话理论中具有极为重要的地位和意义。20 世纪 70 年代以后，文学文体学开始关注文学体裁中的各种转述方式，尤其是自由直接言语（free direct speech）和自由间接言语

（free indirect speech），如 Banfield（1973, 1982）、Leech 和 Short（1981）、申丹（1991）等。其中做出重要贡献的是 Leech 和 Short（1981: 318-351），他们第一次从文体学角度全面系统地考察了散文语体中言语和思想转述的各种类型，把转述言语分为直接言语、间接言语、自由直接言语、自由间接言语和言语行为的叙述性转述 5 种类型。与之相对应地，思想转述也有 5 种：直接思想（direct thought, DT）、间接思想（indirect thought, IT）、自由直接思想（free direct thought, FDT）、自由间接思想（free indirect thought, FIT）和思想行为的叙述性转述（narrative report of thought acts, NRTA）。Leech 和 Short（1981）认为，直接言语是言语转述的"规范"模式，而间接思想则是思想转述的"规范"模式，如下图所示：

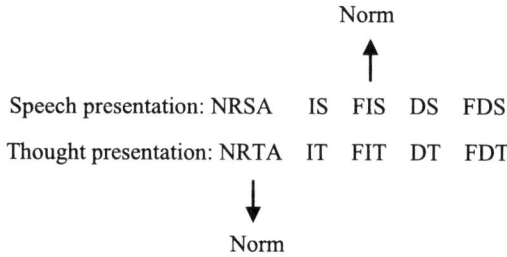

图1　言语和思想转述模式（Leech & Short，1981: 344）

图 1 对五种转述方式的排列顺序也反映了叙事者介入人物话语的不同程度，如下图所示：

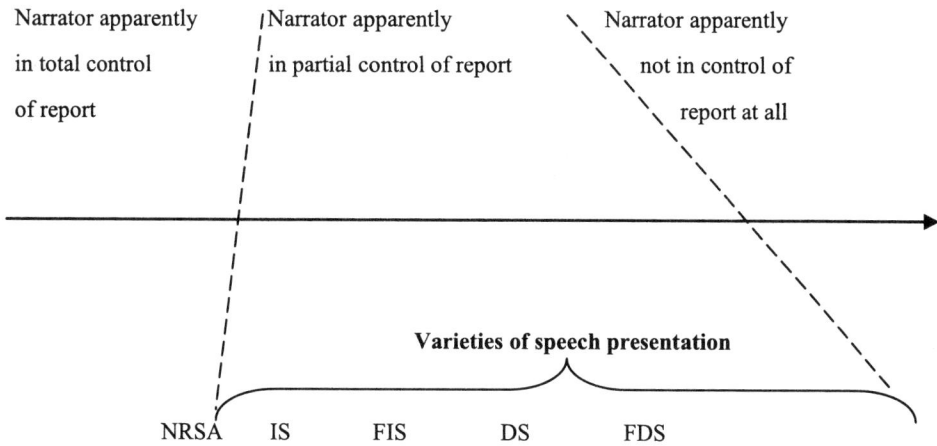

（NRA=Narrative report of action, FIS=Free indirect speech）

图2　转述介入连续统（Leech & Short, 1981: 324）

其中链条的最左端是言语行为的叙述性转述，表现了叙述者/转述者对作品的最大程度的介入和控制，读者听到的被转述者的声音最小，而转述者的声音最大。链条的最右端是自由直接言语，表明了转述者介入的程度最低，被转述者被赋予了最大程度的自由，读者所听到的转述者声音最小，而被转述者声音最大。总之，各种转述方式都或多或少地渗透着报道者或者转述者的主体意识，其中直接言语是一种常规模式，随着向左移动的幅度加大，渗透的作者主体意识逐渐增强，到 NRSA 达到几乎完全淹没他者声音的状态。报道者在转述他人的话语时选择哪一种或者舍弃哪一种最终取决于其立场观点和转述动机。

Leech 和 Short 对转述类型的 5 分法具有里程碑意义，它不但对言语类型进行了区分，还对思想（思维）类型进行了细分，弥补了以往研究对思维转述的忽视。那么为何 Leech 和 Short 要关注思想转述呢？其中一个重要原因是所考察的语料为文学语篇，自然包含了大量关于故事中主人公之间的言语对白和所思所想，以期能够把作品中的人物塑造得生动、性格鲜明，这些所思所想在实际生活中本不为他人所知，然而作者却也因此拥有了"独有"的权力，可以自由进入他人的思想世界，令作品充实，人物形象更丰满。

Short（1988）、Short 等（2002）、Semino 和 Short（2004）不但把语料从散文文体扩展到新闻报纸文体，而且还扩展到口语语体，建立了口语语料库，考察了当今英国口语语料中的言语（speech）、书写（writing）和思维（thought）的表达类型，接着还用转述的五分模式考察了转述和真实性之间的关系（见 Short 等，2002）。他们从 20 世纪 80 年代开始首先采用语料库方法对言语和思维转述方式进行文体学研究，语体从最初的书面文体扩展到口语文体，从文学语篇扩展到应用语篇，并且运用该五分模式对以上各语体进行比较，深入研究了各个方面，而且语料分析技术也日益成熟。

Thompson（2000）运用了柯林（COBULID）英语语料库，该语料库包含了丰富的语篇类型或体裁。另外，有些研究，例如 Roeh 和 Nir（1990）、Slembrouck（1992）、Caldas-Coulthard（1994）、Waugh（1995）等，已经开始专门关注非文学语篇，以考察不同体裁中的转述现象。Thomas 和 Short（1996）运用语料库方法研究转述言语，但他们使用的语料库很小，只有 88631 个词/字，语料来源于 4 个方面：高质量的文学语篇（"high" literature）和通俗小说（popular fiction）、高质量大报（broadsheet newspapers）和小报（tabloid newspapers），后来也从其他方面发表了很多成果。其实，最早运用语料方法源于 Leech，而且正是 Leech 和 Short（1981）率先基于真实语料对转述言语进行了较为全面的分类和阐释，对 Short 和后来的研究者产生了很大的启发作用，导致了此后的一系列研究成果。

与传统的文体学研究相比，采用语料库方法有其一定的优势，其研究内容经常包括（见 Wynne 等，1998: 245）：1）发展一套 ST & WP 标注，并形成规范的标注体系；2）

检验和改善 ST & WP 的这套范畴，看是否能检验解释语料中所有的例子，而不仅仅辨认或找出那些有趣的例子；3）对不同体裁语篇中的 ST & WP 进行比较；4）对不同体裁语篇中的 ST & WP 更为复杂、混合的形式进行辨认和分类；5）得出关于不同范畴的出现频率和模糊程度；6）建立免费的标注语料库。

Short 等（1996: 111-112）提出了其使用语料库方法的研究目标，即 a）检验 Leech 和 Short（1981）的分类模式（S & TP）；b）探讨文学与非文学语篇之间在 S & TP 范畴上的异同；c）尝试从语篇/话语层面考察转述现象（尽管对 S & TP 的辨认要基于词汇—语法层面，但也要依赖其使用的语用、语境因素）；d）开辟文体学和语料库语言学的新研究方向；e）探索 S & TP 范畴自动句法标注（parsing）的可能性。Short（1996: 219-222）认为，一个好的转述言语理论应该至少具备四个特点，即 1）涵盖性：它对转述范畴的定义应尽可能具有涵盖性；2）整体性：它应该尽可能解释所有的转述现象；3）关系性：它应该尽可能表明转述言语和语境之间的关系；4）可验证性：在范畴的定义和意义的规定上，它应该尽可能地清晰和可观察，以便其他人能够在此基础上进行检验和下一步的修正。

4. 语用学视角

20 世纪 70 年代以后，随着语用学和话语分析理论的发展和不断成熟，许多学者开始从语用—修辞的视角研究言语转述，探究各种语境下转述言语的形式和功能，取得了丰硕的成果。事实上，巴赫金是最早从语用学角度对转述言语进行研究的学者之一。他指出，以往研究的一个基本错误是忽视了转述言语与"转述语境"（reporting context）之间的动态关系，也就是被转述言语（the speech being reported）和转述语（the speech doing the reporting）或者"他语"（the other's speech）与"我语"（the author's speech）之间的关系。巴赫金认为，这一动态关系有两大发展趋势："线式风格"（linear style），是一种基本趋势，被转述的言语保持其真实性和完整性，"我语"与"他语"之间界限清晰，一般采用的是直接言语形式；还有一种是"图画式风格"（pictorial style），"语言不断产生出一些更精辟、更善于表述各种感情色彩的方法，把作者的插语和评论注入到他人言语中"（巴赫金，1998：473），从而"他语"与"我语"之间的界限变得模糊。这种趋势的主要形式是间接言语形式，作者言语和他人言语之间相互渗透、融合和对话，整个风格趋于更加开放和多元。

Sternberg（1982a, 1982b）从言语行为理论的角度对言语转述进行了阐述。言语转述本质上是一种言语行为。根据言语行为理论，言语转述属于 Searle（2001）所区分的表述类言语行为（representative），即话语与世界的一种对应，对他人话语进行表征的转述类言语行为。Sternberg 认为，所有的转述言语，都是对被转述话语（reported discourse）的一种"模仿"（mimesis）。Sternberg（1982a: 108）指出"转述就是调停，调停就是干预"；也就是说，不管是直接言语还是间接言语，只要从原来的语境中剥离出来，在新的关系网络中重新语境化后，必然会起到干预效果。此外，Sternberg 还从言语行为理论的角度解释了所展现的"形式特征"（formal features）和呈现特征（representational features）之间的多对多的关系。

自 20 世纪 90 年代以来，对言语转述的研究更加强调话语视角（discourse perspective）。随着各种语言学理论如语用学、话语分析、功能语言学和认知语言学的兴起，人们开始认识到光有句法分析根本不够，必须转向话语或语篇，关注言语转述的形式和功能。Thompson（1996：502）把言语转述明确地分为两类："结构性"（structural）和"功能性"（functional），指出"转述最好应该从功能而不是结构视角来研究"。在他的研究框架中（见Thompson, 1996: 507），当一个原始言语事件被转述时，一般都涉及以下几个方面：声音（谁或什么，作为转述来源在说话）、信息（原言语事件的内容或作用的方式）、信号（叙述者使用的转述方式）、态度（叙述者或原说话者的评价）。Collins（2001）也提出，对转述言语的研究不应只局限于传统句法的范畴内，而应从语篇分析的角度进行探讨，各转述方式之间并没有严格的界限，而是一个连续体，对标准约定俗成的言语转述的偏离是语用需要而造成的。

国内学者也逐步认识到从语用层面研究言语转述的重要性。申丹（1991）专门对文学作品中的自由间接言语的运用进行探讨，除了前者指出的三种作用——"使作者缄默""使空间时间和心理时间交叉""表现意识流"，申丹还补充了"能有效地表达或加强讥讽的效果""增强同情感"和"增加语意密度"三种功能。贾中恒（2000）以和引语相毗邻的转述语这一语言片段为研究对象，从形式、语义和语用三个层面进行了特征分析，区分了引语和原说话人的言语，并指出了它们在语用上的差别。辛斌（2010：67）认为，仅仅"从形式、语义上分析引语是远远不够的，更重要的是从语用的角度分析引语在语篇中完成的修辞功能以及各种转述方式的引语在同一语篇中的相互关系和由此产生的交际效果"。他还提出应从"对话性"这一新视角来研究转述言语，应更多关注语篇的"对话性特征"。

除了文学语篇，近年来人们越来越关注学术语篇和新闻语篇中转述言语功能的研究。对学术论文中转述言语的研究一直是学者们感兴趣的领域（例如 Charles, 2006; Gilbert, 1977; Hawes and Thomas, 1997; Hunston, 1993, 1995; Hyland, 1999, 2002a, 2002b; Jacoby, 1987; Malcolm, 1987; Shaw 1992; Swales, 1986, 1990; Thompson and Tribble, 2001; Thompson and Ye, 1991; 贺灿文, 2001），他们主要研究了转述言语在学术论文中使用的特

征和功能。虽然关于学术引用的规则和惯例已经趋于专业化和规范化，但是有些情况也很难解释，比如为什么有的转述方式多出现在论文的某一部分，而有的转述方式很少使用或根本不出现；有些转述根本辨别不出来，不能断定究竟是不是转述；作者使用不同的转述方式是否有其语用含义等等。

新闻语篇历来充斥着各种形式的转述言语，一直是学者们关注的领域（例如Caldas-Coulthard, 1994; Fairclough, 1992a, 1992b, 1992c; Short, 1988; Slembrouck, 1986, 1992; van Dijk, 1988a; Waugh, 1995）。言语转述的真实性，也就是转述言语是否与原言语一致，是新闻语篇视角的一个基本问题；其次，焦点还投向转述过程中的控制和权力方面，也就是转述言语在意识形态操控方面的重要作用，涉及转述言语形式的选择问题，即选择哪种转述方式，为什么采用这种转述方式而不采用那种转述方式；还有一个方面是探讨叙述者/转述者对转述言语的态度和评价，他们把转述看成一种重要的评价资源，很多情况下作者对转述言语的评价一般都是隐性的。Waugh（1995）从功能层面研究了新闻语篇中的转述言语，也认为应该研究真实条件下的话语，认为语篇类型/体裁（discourse type/genres），如新闻语篇自身就已经预设了一个框架，在这个框架中，Calsamiglia和Ferrero（2003）专门研究了新闻语篇中来自专家的声音，发现记者使用来自科学界的言语不但可以确定权威性，而且还可以使他把所描述的冲突事件进行法制化或合理化。Kuo Sai-Hua（2001）研究了汉语政治语篇中的转述言语，以1998年的台北市长辩论为语料，发现直接言语除了有增加即兴性和生动性等修辞效果，还有助于实现人际功能，在辩论中作为一种"回避"（evasion）策略，说话者尽量撇清与自己的关系，而且还有助于实现不同的演讲风格。Scollon（1997）以同一个新闻故事为基准对14篇汉语和英语语篇中的转述言语的使用进行了比较；然后Scollon（2000）又针对同一新闻机构发行的连续5天的汉英报纸的不同版本进行了与体裁有关的多个变量的广泛比较，如版面安排（page placement）、标题（headline）、语篇结构（textual frame）、观点（point of view）、语气（tone）、引用（quotation）、程式化（formulus）和词汇（vocabulary）。虽然Scollon尝试对汉英报纸新闻语篇进行了对比研究，但对转述言语仅有零星提及。

大多数研究都集中在书面语篇，后来也有一些学者把目光转向了口语语体（Bolden, 2004; Buttny, 1997, 1998, 2000; Holt, 1996, 1999, 2000, 2007; Lauerbach, 2006; Myers, 1999; Tannen, 1988, 1989）。Holt（1996: 221）认为，还缺乏真正和系统性的"互动"（interaction）研究，或者是"人为虚构"（invented）的例子，或者是小说中的片段，他主张研究真实条件下互动会话中的转述言语，以电话谈话、公司职员谈话和互动谈话为研究对象，考查转述言语，尤其是直接言语在口语中的使用特点和作用。Buttny强调，应该重视转述语境和转述言语的动态关系。根据Bakhtin（1981）的观点，转述言语可以被称作"双声言语"（double-voiced discourse），可以折射出原说话者和现说话者的双重声音，这种"双声特征"（double-voiced）也引出了对语境的三种理解：一是"原语境"（the original context）；然后是"故事语境"（the context of the storyworld），也就是要把转述言语植入其中的目标语境；最后是"转述语境"（the reporting context），即叙述者/转述者与其对话者之间的互动语境（interactional context）。语境不应仅仅被视为背景知识，而是会随着参与者不断变动，它能让读者保持兴趣，指导人们怎样阅读和理解硬塞给他们的东西。Buttny（1997，1998）以及 Buttny 和 Williams（2000）除了日常对话，还研究了校园学生和公司职员在谈论种族问题时在转述言语使用上的特点。Baynham（1996）指出，传统的句法解释实际上预设了一个原言语和一系列"去语境化"（decontextualized）的直接与间接之间的机械转换，从语用学角度分析具体语境中的转述言语，强调其修辞效果。但是不管是从语言学、语用学还是文学理论，都忽视了这样一个事实：它们预设了一种叙述（narrative）语篇的框架，所以他主张从非叙述语篇（non-narrative）进行研究，使用成人算数课堂言语作为考察的语料，以探讨直接言语在非叙述体中的形式和作用。Myers（1999）探讨了转述言语在小组讨论（group discussion）中的使用，Lauerbach（2006）针对政治访谈中的身份建构问题进行了探讨。Baynham 和 Slembrouck（1999）研究了机构话语（institutional discourse）中的言语转述，认为言语转述研究存在一种"叙述体偏见"（narrative bias），也就是大多局限于文学叙述体裁中，应该跨越语篇、跨越语境进行横向拓展。Slembrouck（1992）探讨了英国国会会议记录中的口头话语的书面建构方式，Hall，Sarangi 和 Slembrouck（1999）还对社会工作领域中专家之间、专家和顾客之间的言语互动进行了相关研究。辛斌（2012）以赵本山的喜剧小品为例，探讨了转述言语在口头交流中的戏剧效果。

5. 批评话语分析视角

转述言语的批评话语分析视角，旨在通过关注新闻语篇中的各种转述现象，以解释和揭露各种转述方式选择背后的意识形态意义。Fairclough（1988, 1992a, 1992b, 1995）是最早从批评话语分析角度进行研究的学者，他认识到转述言语是一种"互文"（intertextuality），它蕴含着某种意识形态意义。Fairclough（1988：125-135）认为，"主话语"/转述句（primary discourse，the reporting clause）和"次话语"/转述句（secondary discourse，the reported discourse）之间是一种动态关系，呈现出两种趋势：一种风格是二者之间的界限变得清晰；另一种是二者界限模糊不定，呈融合之势。在这两种趋势的变动中，都存在不同程度的"干预"（interference），叙述者借助它们的意义以实现不同的交际目的。他还在 Voloshinov（1973）的基础上提出了"话语表征"（discourse representation）的几个参数：“模式”（mode）、“界限维持”（boundary maintenance）、“文体性”（stylisticity）和“设置”（setting）。还有一个方面是，他认为还要研究次话语在多大程度上与主话语相关联。然后，Fairclough（1992a, 1992b）还将理论运用到实践，分析了具体的语篇，让“互文性”这一概念变成一个可操作的语篇分析方法，其中把“显性互文”（manifest intertextuality）分为三种：“序列互文”（sequential intertextuality）、“嵌入互文”（embedded intertextuality）和“混合互文”（mixed intertextuality）。Caldas-Coulthard（1992）研究了叙述话语（narrative discourse）中转述言的文体性和意识形态性，并比较了新闻事件和文学中言语转述的不同，比如新闻事件中的言语都是事实，而小说中的言语则仅是作者虚构的；他还探讨了言语在写作和口语的异同，这是因为语篇是线性结构，要转写到文字上，必然要考虑其“规整性”（tidiness），而最后形成的言语不过是“清理过的”（cleaned-up）、“简化的”（reduced）和“精简的”（simplified）版本而已。他还指出一点，作者对其所写的文章有完全的控制力，因而有充分的选择权，在一个完整的对话中，哪些观点最有利和适合自己的目的就选择转述哪些，而其他的言语则可能留作他用或仅作点缀之用。其他学者如 Günthner（1999）、Holt（1996, 1999, 2000）、Kandil（2009）、Obiedat（2006）、Pounds（2010）、Salama（2011）、辛斌（1998, 1999, 2000, 2005, 2006, 2007, 2010, 2012）等都从不同方面进行了相关研究。近期，国内外已经认识到语料库技术在批评话语分析中的重要性，把语料库方法和 CDA 相结合，已成为批评话语分析的新的研究空间。当然，还有一些学者从其他角度进行了相关研究，比如心理语言学、认知语言学等（见彭建武, 2003；Hirst, LeDoux and Stein, 1984）。

6. 结语

各领域的学者对转述言语都进行了卓有成效的探索，主要表现在：从传统句法转向对转述言语的语用修辞功能的关注；所研究的文本由过去的文学语篇扩展到非文学语料，如学术语篇和新闻语篇的探讨；从只专注书面语篇到开始关注口语、会话等真实语料中的转述言语等，这些都加深了我们对转述言语的进一步认识。但是转述言语的研究仍然存在不足，比如国外研究多，国内研究少；外语研究多，汉语研究少；借鉴国外理论多，理论建设少；零星研究多，系统研究少；静态研究多，与语境的动态关系研究少；以特定事件为背景的研究多，历时研究少；对语篇本身的研究多，对语篇与社会互动关系的研究少；对单一语言的研究多，作跨语言比较的研究少；对单一文本的研究多，运用语料库的研究少。就批评话语分析来说，定性分析多，定量和定性相结合进行研究的少。近年来国内外一些学者针对上述不足做出了不懈的努力。例如 Semino 和 Short（2004）运用语料库方法对文学语篇、新闻语篇和自传语篇中的言语转述进行了定性和定量的比较研究。辛斌和高小丽在其国家社科基金项目"汉英报纸新闻中转述言语的语篇/语用功能比较研究"（2011—2014）的研究中尝试运用语料库方法，从多个视角，通过比较汉英报纸中言语转述的特点和异同，揭示语言背后反映的意识形态及造成两国语言层面和意识形态方面差异的社会文化原因，以期有助于读者提高对新闻语篇进行批评性阅读的能力。

注释：

本文系"江苏高校优势学科建设工程资助项目"（优势学科代码 20110101）的科研成果、国家社科基金项目"汉英报纸新闻中转述言语的语篇/语用功能比较研究"（11BYY116）的阶段性成果。

参考文献：

Bakhtin, M. M. 1981. *The Dialogic Imagination: Four Essays*, edited by M. Holquist, translated by C. Emerson & M. Holquist. Austin, London: University of Texas Press.

Banfield, A. 1973. Narrative style and the grammar of direct and indirect speech. *Foundations of Language*, 10: 1-39.

Banfield, A. 1982. *Unspeakable Sentences: Narration and Representation in the Language of Fiction*. Boston: Routledge & Kegan Paul.

Baynham, M. 1996. Direct speech: what's it doing in non-narrative discourse. *Journal of Pragmatics*, 25(1): 61-81.

Baynham, M. and Slembrouck, S. 1999. Speech representation and institutional discourse. *Text*, 19(4): 439-457.

Bolden, G. 2004. The quote and beyond: Defining boundaries of reported speech in conversational Russian. *Journal of Pragmatics*, 36(6): 1071-1118.

Buttny, R. 1997. Reported speech in talking race on campus. *Human Communication Research*, 23(4): 477-506.

Buttny, R. 1998. Putting prior talk into context: reported speech and the reporting context. *Research on Language and Social Interaction*, 31(1): 45-58.

Buttny, R. and Williams, P. L. 2000. Demanding respect: the uses of reported speech in discursive constructions of interracial contact. *Discourse & Society*, 11(1): 109-133.

Caldas-Coulthard, C. R. 1992. Reporting speech in narrative discourse: stylistic and ideological implications. *Ilha do Desterro*, 27: 67-82.

Caldas-Coulthard, C. R. 1994. On reporting reporting: The representation of speech in factual and factional narratives. In M. Coulthard (ed.). *Advances in written text analysis*. London: Routledge. 295-308.

Calsamiglia, H. and Ferrero, C. L. 2003. Role and position of scientific voices: reported speech in the media. *Discourse Studies*, 5(2): 147-173.

Cappelen, H. and Lepore, E. 1997. Varieties of quotation. *Mind*, 106(423): 429-450.

Charles, M. 2006. The construction of stance in reporting clause: A cross-disciplinary study of theses. *Applied Linguistics*, 27(3): 492-518.

Clark, H. and Gerrig, R. 1990. Quotations as demonstations. *Language*, 66(4): 764-805.

Collins, D. E. 2004. Reanimated voices: Speech reporting in a historical-pragmatic perspective. *Sabine Dönninghaus*, 28(3): 425-432.

Davidson, D. 1979. Quotation. *Theory and Decision*, 11(1): 27-40.

Dixon, R. M. W. 2005. *A Semantic Approach to English Grammar*. New York: Oxford University Press.

Fairclough, N. 1988. Discourse representation in media discourse. *Sociolinguistics*, 17: 125-139.

Fairclough, N. 1992a. *Discourse and Social Change*. Cambridge: Polity Press.

Fairclough, N. 1992b. Discourse and text linguistic and intertextual analysis within discourse analysis. *Discourse and Society*, 3(2): 193-217.

Fairclough, N. 1992c. Intertextuality in critical discourse analysis. *Linguistics and Education*, 4: 269-293.

Fairclough, N. 1995. *Critical Discourse Analysis: The Critical Study of Language*. London/New York: Longman.

Frege, G. 1892. On sense and reference. In R. M. Harnish (ed.). 1994. *Basic Topics in the Philosohpy of Language*. New York/London: Harvester Wheatsheaf. 142-160.

Garcia-Carpintero, M. 2005. Double-duty quotation: The deferred ostension account. In P. de Brabanter (ed.). *Hybrid Quotations*. Amsterdam: John Benjamins Publishing Company. 89-108.

Geach, P. T. 1950. On names of expressions. *Mind*, 59: 235.

Gilbert, G. 1977. Referencing as persuasion. *Social Studies of Science*, 7: 113-122.

Günthner, S. 1999. Polyphony and the "layering of voices" in reported dialogues: An analysis of the use of prosodic devices in everyday reported speech. *Journal of Pragmatics*, 31(5):

685-708.

Hall, C., Sarangi, S. and Slembrouck, S. 1999. Speech representation and the categorization of the client in social work discourse. *Text*, 19(4): 539-570.

Halliday, M. A. K. 1994/2000. *An Introduction to Functional Grammar*. Beijing: Foreign Language Teaching and Research Press.

Hawes, T. and Thomas, S. 1997. Tense choices in citations. *Research in the Teaching of English*, 31(3): 393-414.

Hirst, W., LeDoux, J. and Stein, S. 1984. Constraints on the processing of indirect speech acts: evidence from aphasiology. *Brain and Language*, 23(1): 26-33.

Holt, E. 1996. Reporting on talk: The use of direct reported speech in conversation. *Research on Language and Social Interation*, 29(3): 219-245.

Holt, E. 1999. Just gassing: An analysis of direct reported speech in a conversation between employees of a gas supply company. *Text*, 19(4): 505-537.

Holt, E. 2000. Reporting and reacting: Concurrent responses to reported speech. *Research on Language and Social Interaction*, 33(4): 425-454.

Holt, E. 2007. *Reporting Talk: Reported Speech in Interaction*. Cambridge: Cambridge University Press.

Hunston, S. 1993. Professional conflict: Disagreement in academic discourse. In M. Baker, G. Francis and E. Tognini-Bognelli (eds.). *Text and Technology*. Amsterdam: John Benjamins. 115-134.

Hunston, S. 1995. A corpus study of some English verbs of attribution. *Functions of Language* 2(2): 133-158.

Hyland, K. 1999. Academic attribution: Citation and the construction of disciplinary knowledge. *Applied Linguistics*, 20(3): 341-367.

Hyland, K. 2002a. Activity and evaluation: Reporting practices in academic writing. In J. Flowerdew (ed.). *Academic Discourse*. Harlow: Pearson Education Limited. 115-130.

Hyland, K. 2002b. What do they mean? Questions in academic writing. *Text*, 22(4): 529-557.

Jacoby, S. 1987. References to other researchers in literary research articles. *ELR Journal*, 1: 33-78.

Kandil, M. A. 2009. *The Israeli-Palestinian Conflict in American, Arab, and British Media: Corpus-Based Critical Discourse Analysis*. Unpublished PhD dissertation. USA: Georgia State University.

Kuo, Sai-Hua. 2001. Reported speech in Chinese political discourse. *Discourse Studies*, 3(2): 181-202.

Lauerbach, G. 2006. Discourse representation in political interviews: The construction of identities and relations through voicing and ventriloquizing. *Journal of Pragmatics*, 38: 196-215.

Leech, G. N. and Short, M. H. 1981. *Style in Fiction*. London: Longman.

Malcolm, L. 1987. What rules govern tense usage in scientific articles? *English for Specific Purposes*, 6(1): 31-43.

Myers, G. 1999. Functions of reported speech in group discussions. *Applied Linguistics*, 20(3): 376-401.

Obiedat, N. 2006. The pragma-ideological implications of using reported speech: the case of reporting on the al-aqsa intifada. *Pragmatics*, 16(23): 275-304.

Partee, B. 1973. The syntax and semantics of quotations. In P. Kiparsky & S. Anderson (eds.). *A Festschrift for Morris Halle*. New York: Holt, Rinehart and Winston. 410-418.

Pounds, G. 2010. Attitude and subjectivity in Italian and British hard-news reporting: The construction of a culture-specific "reporter" voice. *Discourse Studies*, 12(1): 106-137.

Quine, W. V. 1940. *Mathematical Logic*. Cambridge: Harvard University Press.

Quirk, R., et al. 1985. *A Comprehensive Grammar of the English Language*. London/New York: Longman.

Recanati, F. 2001. Open quotation. *Mind*, 110: 637-687.

Richard, M. 1986. Quotation, grammar, and opacity. *Linguistics and Philosophy*, 9: 383-403.

Saka, P. 1998. Quotation and the use-mention distinction. *Mind*, New Series, Vol. 107, 425: 113-135.

Salama, A. H. Y. 2011. Ideological collocation and the recontexualization of Wahhabi-Saudi Islam post-9/11: A synergy of corpus linguistics and critical discourse analysis. *Discourse Society*, 22(3): 315-342.

Scollon, R. and Scollon, S. 1997. Point of view and citation: Fourteen Chinese and English versions of the "same" news story. *Text*, 17(1): 83-125.

Scollon, R. 2000. Generic variability in news stories in Chinese and English: A contrastive discourse study of five days' newspapers. *Journal of Pragmatics*, 32: 761-791.

Searle, J. R. 2001. *Expression and Meaning: Studies in the Theory of Speech Acts*. Beijing: Foreign Language Teaching and Research Press.

Semino, E. and Short, M. 2004. *Corpus Stylistics: Speech, Writing and Thought Presentation in a Corpus of English Writing*. London: Routledge.

Shaw, P. 1992. Reasons for the correlation of voice, tense and sentence function in reporting verbs. *Applied Linguistics*, 13: 302-319.

Short, M. 1988. Speech presentation, the novel and the press. In W. van Peer (ed.). *The Taming of the Text*. London: Routledge. 61-81.

Short, M. 1996. *Exploring the Language of Poems, Plays and Prose*. London: Longman.

Short, M., Semino, E. and Culpeper, J. 1996. Using a corpus for stylistics research: speech and thought presentation. In J. Thomas & M. Short (eds.). *Using Corpora in Language Research*. London: Longman. 110-131.

Short, M., Semino, E. and Wynne, M. 2002. Revisiting the notion of faithfulness in discourse presentation using a corpus approach. *Language and Literature*, 11(4): 325-355.

Slembrouck, S. 1986. Towards a description of speech presentation and speech reportage in newspaper language. *Studia Germanica Gandensia*, 9: 44-115.

Slembrouck, S. 1992. The parliamentary Hansard "verbatim" report: The written construction of spoken discourse. *Language and Literature*, 1(2): 101-119.

Sperber, D. and Wilson, D. 1986. *Relevance: Communication and Cognition*. Oxford: Blackwell.

Sternberg, M. 1982a. Point of view and the indirections of direct speech. *Language and Style*, 15(2): 67-117.

Sternberg, M. 1982b. Proteus in quotation-land: Mimesis and the forms of reported speech. *Poetics Today*, 3(2): 107-156.

Swales, J. 1986. Citation analysis and discourse analysis. *Applied Linguistics*, 7(1): 39-56.

Swales, J. M. 1990. *Genre Analysis*. Cambridge: Cambridge University Press.

Tannen, D. 1988. Hearing voices in conversation, fiction and mixed genres. In Tannen, D. (ed). *Linguistics in Context: Connecting Observation and Understanding*. Norwood, NJ: Ablex. 89-113.

Tannen, D. 1989. *Talking Voices: Repetition, Dialogue, and Imagery in Conversational Discourse*. Cambridge: Cambridge University Press.

Tarski, A. 1933. The concept of truth in formalized languages. In his *Logic, Semantics, Metamathematics*. Oxford: Oxford University Press.

Thomas, J. and Short, M. (eds.) 2001. *Using Corpus for Language Research*. Beijing: Foreign

Language Teaching and Research Press.

Thompson, G. 1996. Voices in the text: Discourse perspectives on language reports. *Applied Linguistics*, 17: 502-520.

Thompson, G. *Reporting*. Beijing: Foreign Language Press, 2000.

Thompson, P. and Tribble, C. 2001. Looking at citation: Using corpora in English for academic purposes. *Language Learning and Technology*, 5(3): 91-105.

Thompson, G. and Ye, Y. Y. 1991. Evaluation in the reporting verbs used in academic papers. *Applied Linguistics*, 12: 365-382.

van Dijk, T. A. 1988a. *News as Discourse*. Hillsdale, N. J.: Lawrence Erlbaum Associates.

Volosinov, V. N. 1973. *Marxism and the Philosophy of Language*. Translated by L. Matejka & I. R. Titunik. New York: Seminar Press.

Washington, C. 1992. The identity theory of quotation. *The Journal of Philosophy*, 89(11): 582-605.

Waugh, L. R. 1995. Reported speech in journalistic discourse: The relation of function and text. *Text*, 15(1): 129-173.

Wynne, M., Short, M. and Semino, E. 1998. A corpus-based investigation of speech, thought and writing presentation in English narrative texts. In A. Renouf (ed.). *Explorations in Corpus Linguistics*. Amsterdam: Rodopi. 233-247.

巴赫金，1998，《巴赫金全集》（第二卷），石家庄：河北教育出版社。

贺灿文、周江林，2001，英语科研论文中综述性动词的语料库研究，《外语学刊》，第 4 期，43-48 页。

贾中恒，2000，转述语及其语用功能初探，《外国语》，第 2 期，35-41 页。

彭建武，2003，语言转述现象的认知研究，上海：复旦大学博士学位论文。

申丹，1991，对自由间接言语功能的重新评价，《外语教学与研究》，第 2 期，11-16 页。

王爱华，2007，引语的不确定性——语言哲学研究系列之三，《外语学刊》，第 6 期，1-7 页。

辛斌，1998，新闻语篇转述言语的批评性分析，《外语教学与研究》，第 2 期，9-14 页。

辛斌、陈腾澜，1999，语篇的对话性分析初探，《外国语》，第 5 期，8-13 页。

辛斌，2000，《语篇互文性的批评性分析》，苏州：苏州大学出版社。

辛斌，2005，《批评语言学：理论与应用》，上海：上海外语教育出版社。

辛斌，2006，《中国日报》和《纽约时报》中转述方式和消息来源的比较分析，《外语与外语教学》，第 3 期，1-4 页。

辛斌，2007，转述言语与新闻语篇的对话性，《外国语》，第 4 期，36-42 页。

辛斌，2010，引语研究的语用修辞视角，《外语学刊》，第 4 期，67-73 页。

辛斌，2012，转述言语的戏剧效果刍议——以赵本山的喜剧小品为例，《外语学刊》，第 3 期，32-37 页。

Speech Reporting in Multi-Perspectives

Xin Bin, Nanjing Normal University

Gao Xiao-li, Hehai University

Abstract: Speech reporting is a universal phenomenon in language use and has long been intensely studied by philosophers, literary critics and linguists. The traditional approach views speech reporting purely in syntactic terms, typically as a series of operations carried out on direct speech to transform it into indirect speech. Since the 1950s, most of such studies have shifted their interest to the textual and rhetorical functions of speech reporting. This paper is intended to be a brief review of the different theories and perspectives of the study of speech reporting.

Key words: speech reporting, theory, perspective

作者简介：

辛斌，男，汉族，山东省乳山市人，博士，教授，博士生导师。主要研究方向：语用学、篇章语义学、批评语言学。

高小丽，女，汉族，山东省乳山市人，博士。主要研究方向：语用学、话语分析、批评语言学。

《话语研究论丛》第一辑
2015 年
第 25-37 页
南开大学出版社

论 文

法律与执法者的权威

——执法语境下警察对法律和自我权威的建构[*]

◎ 李艺　　南开大学外国语学院

摘　要　本文以我国法治社会建设为背景，以城市街道派出所中警察讯问犯罪嫌疑人的录音誊写数据为语料，依据批评话语分析的思路，考察警察的话语实践对法律权威和警察个人权威的建构。分析显示，警察的讯问过程涉及四类权力主体（法律、法院、警察集体、警察个人），个人权威是警察话语实践建构的核心。其结果是：警察个人的权威得到了积极的建构，警察集体的权威没有受到明显的影响，而法律和法院的权威受到一定程度的消解。

关键词　法律；警察；嫌犯；话语；权威

1. 引言

法治建设是中国现代化建设的重要内容。改革开放以来的三十多年间，中国的法治建设获得了快速发展。到 2010 年已经形成了中国特色的社会主义法律体系，先后制定有效法律 236 件、行政法规 690 多件、地方性法规 8600 多件[1]，涵盖社会关系各个方面。

然而，法律体系的健全仅仅是法治社会建设的第一步；法治社会的更本质特征在于法律权威的确立，即法律的尊严和至高无上地位在执法者和公众的意识中得以确立。只有当一个社会的意义体系（识别和理解事物及其意义的共识）能够引导其成员自觉自动

[*] 通讯作者：李艺
联系地址：天津市（300071）南开区卫津路 94 号，南开大学外国语学院
电子邮件：yli@nankai.edu.cn

地认同法律的权威并依此行事，法治社会才成为现实。对于具有强烈人治传统的中国社会来说，这个目标相比法律体系的建设，或许具有更大的挑战性。

20 世纪后半叶以来的很多语言学家、社会学家（如布迪厄）、哲学家（如福柯）都认为，任何领域的意义体系都受话语资源的建构。话语通过对语言材料和其他符号材料的选择成就特定的意义，排除其他意义，同时把成就的意义传播出去，建构社会的共识。法律领域尤其受语言建构作用的影响，它甚至被认为就是关于语词的行业（Mellindoff，引自赵洪芳，2009）。国内外的相关研究（Haworth, 2006, 2009；赵洪芳，2009）也都显示，执法和司法语境下的言语实践（如警察与犯罪嫌疑人的对话、法庭上的对话）构成了整个法律实践的重要组成部分。正因为如此，关注社会意义系统中的法律权威性就不能不关注立法、执法、司法语境下话语对法律权威和尊严的建构。

对执法和司法语境下的言语行为进行话语分析的研究很多（胡桂丽，2007；黄萍，2010；李响，2012；马艳姿，2007；唐怡群、杨秀珍，2010；王倩，2009；王建，2012；叶宁，2010；曾范敬，2011；张志华、蔡蓉英，2006；赵洪芳，2009），然而现有研究主要考察不同法律角色（法官、律师、证人、警察、犯罪嫌疑人等）在交流过程中的言语行为，考察的重点则是交流各方通过言语行为而实现的权势关系。例如，赵洪芳（2009）分析了庭审过程中话语各方维护权力关系所运用的话语策略；叶宁（2010）考察了警察对犯罪嫌疑人的讯问过程，聚焦交流双方如何选择和分配话语资源以实现交际目的，如何通过言语实践建构权力和权威；张志华、蔡蓉英（2006）考察了我国警察作为一个整体在社会变迁过程中、在新旧媒体舞台上的话语权行使问题。在上述针对交流过程的话语分析中，法律作为沉默的权力主体，很少进入研究者的视野。

本文试图开始填补这一空白。它以派出所类执法机构中的警民交流过程为分析对象，重点考察警察如何通过语言材料的选择建构了法律及自身的权威及其相互关系，分析这一建构过程对我国法治社会建设可能产生的影响。

2. 研究过程

本研究建立在约 20 万字的语料库基础之上。数据来源是北方某城市的派出所，参与者包括警察、犯罪嫌疑人和报案的居民。警察和犯罪嫌疑人均为男性，报案的居民中包括男性和女性，警察的年龄从 35 至 50 岁，犯罪嫌疑人的年龄从 30 至 45 岁，报案居民年龄从 40 至 60 岁。警察与报案居民的交流是在派出所的前台进行的，而警察与犯罪嫌疑人之间的交流是在派出所内的讯问室进行的。研究者在得到许可后进入派出所对两组交流进行录音。录音得到了警方的允许，报案居民和犯罪嫌疑人对于录音没有表示异议，交流自然进行，没有受到录音或在场研究人员的影响。录音结束后，录音数据经逐字誊写转化成电子语料库。

本文抽取录音记录中那些显性或隐含地涉及法律权威的讯问片断进行话语分析。所谓"显性涉及"是指警察或犯罪嫌疑人明确引用或讨论法律依据,"隐含涉及"是指警察或犯罪嫌疑人做出的陈述或判断需要法律依据却没有提及法律。初步的数据分析显示,在上述语料库中,几乎没有出现对法律依据的明确引用或讨论,但有八处隐含地涉及法律依据,本研究选择其中的四个片断进行深度分析。之所以选择这四个片段是因为,首先,它们符合交流片段的抽样要求,即显性或隐性地涉及法律的主体地位;其次,它们都使用了一种以上的话语策略;第三,这些话语策略都对法律或警察的权威产生了一定的建构效果。

3. 警察讯问过程的话语分析

本研究按归纳思路,对四段涉及法律权威的对话进行了深度分析。首先分析了四段对话中除法律(隐性权力主体)之外的其他权力主体,其次分析了警察在讯问过程中围绕各类权力主体而产生的言语行为,在此基础上归纳了警察言语行为的类别及其与各类权力主体的对应关系,对比了由此形成的法律和警察权威。本节的第一部分主要展现四个片段的深度分析过程,第二部分展现其归纳结果。

3.1 典型交流片段中的权力主体及其权威建构

片段 1

1. 警察:你跟我说说,你说你挣几十万,我这事儿,我绝对不怀疑你。
2. 嫌犯:您呐,这样,上我们家去/   /。我这钱包没动/   /我有个
3. 警察:啊。嗯
4. 嫌犯:三十六万存单,我就最近在这边儿买房子惦着。
5. 警察:你买房说买房,我说你有嘛东西兜着呢?你也把//
6. 嫌犯:我一月最低工资

    不七百四吗天津市/   /现在我拿着低保,一个七百四,我那房子,
7. 警察:啊
8. 嫌犯:还有套房子,我租出去了/   /一月一千多/   /。
9. 警察:啊。啊
10. 嫌犯:这不就够生活儿不就完了?
11. 警察:你不是这么生活儿的人啊。
12. 嫌犯:您看我这模样,我还//

13. **警察**：你现在找不着工作，你要一个人啊，我跟你说
    啊，咱也别矫情这个。

14. **嫌犯**：啊，是啊。

15. **警察**：你要真是，我不跟你说嘛，你要一年挣几十万，你告我你在哪儿一年
    你能挣几十万，咱就甭提偷自行车这事儿了。

16. **嫌犯**：您问问，

17. **警察**：我问问你，你哪儿能弄几十万？

18. **嫌犯**：咱这是说事儿//

19. **警察**：我啊不是说，我在这儿扒疵你，不是这意思。

20. **嫌犯**：我在天拖有个牌馆儿，您知道吗？

21. **警察**：你甭提那个，我也不了解，我看不出来你那意思。这东西，这东西
    谁都明眼儿人，你就用不着跟我们矫情这事儿。反正我得里外里弄你几
    天，事儿也不大，你愿意好好儿说呢，你就好好儿说，你不愿意好好儿
    说呢，我想弄你还不容易吗？

22. **嫌犯**：大哥，你真那么决定要弄我？

23. **警察**：肯定得弄你，这块儿偷这，丢这东西丢太多了。

24. **嫌犯**：丢太多，问题是我没弄啊，这不//

25. **警察**：你，甭管，弄着你了反正是。

26. **嫌犯**：这不有差头儿，没弄吗？您说//

27. **警察**：你是没弄着没错，我不，我跟你说啊

28. **嫌犯**：啊。

29. **警察**：你没弄着，这个事儿想弄去，那是一回事儿，你就是弄着了，我不知道，
    也是没事儿/   /对吧？你实打实的说。你关键你进那个

30. **嫌犯**：哎呀。

31. **警察**：小区去，你这么说，肯定得嘛玩意儿。

32. **嫌犯**：大哥，这样吧，您来客人了，你先聊完，然后您单独

33. **警察**：我不单独，我不单独。我跟您说点儿别的事儿。

本段对话发生在警察和盗窃嫌疑人之间，以民警向犯罪嫌疑人调查犯罪事实为主要
内容。在整段对话过程中，警察始终认定嫌疑人有盗窃行为并决定对其进行惩处，而犯
罪嫌疑人则不断为自己辩护，表示自己无辜。由于这段对话涉及犯罪事实的认定和惩处
决定，而且这两项决定均需依法做出，因而这是一段涉及法律权威的对话；但由于**警察**

和犯罪嫌疑人自始至终没有提到法律，因而可以视为一段隐含地涉及法律权威的对话。

在这里，法律作为重要的权力主体，没有机会"登场"，因而没有得到话语的直接的正面建构。警察作为第二大权力主体顺理成章地成为权威的来源，确认和维护这一地位也就成为警察言语行为的建构目标之一。

从警察权威的建构过程来看，这段对话可以分为三个阶段。第一阶段从第 1 行到第 11 行。这一阶段警察所采用的主要话语策略是"设窘"。该策略的第一次使用是在警察已经认定犯罪嫌疑人有罪的情况下，故意提出了"绝不怀疑"的条件；第二次是在接连用"啊……嗯……啊……啊……啊"认同犯罪嫌疑人的陈述后，突然讥讽道："你不是这么生活儿的人啊。"（第 11 行）这两处话语策略的共同特点是让犯罪嫌疑人在不知不觉中陷入自我否定的窘境。

第二阶段对话（13 行到 21 行）里，拐弯抹角的设窘策略让位于对嫌疑人的直接否定（"别矫情这个""甭提那个"）、命令（"我告你""我问你""你听我说"）和对自己权力的夸大（"我想弄你还不容易吗？"）。在对自身权力的陈述中，警察特别使用了"弄""反正""里外里"等词。根据上下文判断，这里的"弄"意为"拘留"。"我弄你"即"我拘留你"。所谓拘留应为公安机关依照有关法律法规对违法人处以拘留处罚，必须遵循一定的法律程序。在这个过程中，实施拘留的人必须依法行事从而成为法律的忠实执行者。从这个意义上说，法律才是拘留的主体，实施拘留的人只是法律意志的执行者。而在上述对话中，警察首先用"反正我得里外里弄你几天"强调了自己的意志和主体地位。"反正"一词包含了"无论如何"的意思，即不论犯罪事实是否成立都要拘留犯罪嫌疑人，法律的主体地位在"反正""我得"的声称中被消弭，取而代之的是警察自己的意志。其次用"我想弄你还不容易吗？"进一步强调了其主体意志不受任何约束。这里有两个语词值得特别注意，一个是"我想"，另一个是"还不容易吗"。"我想"包含"随心所欲"的意思，即"我只要想拘留你就可以拘留你"；"还不容易吗"一方面表明他这样做不需要依据（进一步消解了法律的权威），另一方面表明他这样做不需要理由（消解了犯罪嫌疑人的人权）。这样，警察就重新建构了自己与法律的关系，并通过这一建构，确定了他和犯罪嫌疑人的关系，即在拘留与否的问题上，犯罪嫌疑人的命运掌握在警察的手中。

第三阶段（23 行到 31 行）对话的最显著特征就是警察通过反复使用违反逻辑的句子和动词"弄"凸显自己的权威。第一处违反逻辑的话语出现在第 23 行，这一行表达的意义是：因为这里丢了太多东西，所以是你偷的。第二处出现在第 27 行至第 29 行，这段话表达的意义是：你虽然盗窃没有成功，但因为你想偷，所以就算偷；假如你盗窃成功了，而我不知道，那就不算偷。第三处违反逻辑的话语出现在第 29 行至第 31 行，其意义是：因为你进小区了，所以你肯定要偷。这三处话语的共同特点是把本来不存在因果关系的意义表达成了因果关系。这些看起来违反逻辑的话语作为"[我]肯定得弄你"的前提，表达了警察独立于法律的权威，即"我可以认定你有罪，我可惩处你"，产生了"欲加之罪，何患无辞"的效果。其中，"弄"字作为"惩处"的隐晦表述，比"惩处"携带了更多随意、主观、"宽严由我"的蕴涵，进一步凸显了警察的个人权威。

片段 2

1. 嫌犯：强子是交通队单独给他打电话过去的，还有小庞，这是我后来知道的。
2. 警察：嗯，给你又取证，跟上次说的一样哈？
3. 嫌犯：对对。
4. 警察：跟上次讲的一样，民警下午又问你，是啊？是吧？
5. 嫌犯：对对。
6. 警察：又给你取证。
7. 嫌犯：对对。
8. 警察：做的是假证，是啊？是吧？
9. 嫌犯：嗯。
10. 警察：你一听那哥儿几个应该是都说了哈？/　　/真实案情，是啊？/　　/
11. 嫌犯：嗯。对
12. 警察：还有别的吗？还有别的话吗？
13. 嫌犯：民警问我为嘛不说实话。
14. 警察：行了，就这些，出了两份假证，对吧？是吧？
15. 嫌犯：对。
16. 警察：看看。
17. 嫌犯：不看了。
18. 警察：不看哪行？好家伙，你这是取证说假话来的，你这个跟一般人不一样，再说假话，还有假话吗？人撞人的都没事儿，你这个，没办法，谁赶上谁倒霉啊。看看，看看，仔细看看。

上述对话发生在某派出所，参与者是一名警察和一名作伪证的犯罪嫌疑人。警察讯问的内容正是后者的伪证罪。警察对自身权威的建构同样分为三个阶段。第一阶段从第 2 行开始至 12 行结束。在这一阶段，警察通过一系列陈述句和附加疑问句（第 4 行、第 8 行、第 10 行），迫使犯罪嫌疑人供述警察已经知道的事实。附加句与前面的陈述句连用，向犯罪嫌疑人传递了以下意义：作为警察，我已知你所做的一切，尽管如此，你依然不得不按我的要求重述我知道的事实。从犯罪嫌疑人的反应来看，他也完全接受了这一意义，明知警察早有答案，依然连用三个"对对"、两个"嗯"附和警察。

第二阶段从第 14 行开始至 16 行结束。在这一阶段，警察除了继续使用陈述句和附加句（"出了两份假证，对吧？是吧？"）的权威建构方式，还接连使用简短的祈使句向犯罪嫌疑人发出命令（"行了，就这些""看看"）。寥寥数字却传达了毋庸置疑的要求，从而赋予警察不容挑战的权威。

第三阶段由第 17、18 行组成。在这一阶段，警察的权威通过三种话语策略而建构。首先是用反问的方式否定了犯罪嫌疑人的意愿，反问句式使犯罪嫌疑人毫无回旋的余地，只能顺从；其次是使用了嘲讽（"好家伙，你这是取证说假话来的，你这个跟一般人不一样"）和贬损（"你这个，没办法，谁赶上谁倒霉啊"）的话语策略，显示了他与犯罪嫌疑人之间的权势位差；再次是使用简短的祈使句，反复向犯罪嫌疑人发出命令。

这是一段依法获取犯罪嫌疑人伪证供述的讯问。犯罪嫌疑人阅读并确认自己的供述是法律赋予他的权利，在交流的最后阶段，警察显然需要依法保障犯罪嫌疑人的权利，但由于他没有明确提及法律的相关规定，因而法律的权威在这里表现为隐含的权威。这一阶段同时也是警察建构自己权威的第三阶段。正如上述分析显示的，警察在这一阶段的所有言语行为和话语策略都以建构自身权威为目标。这种建构的结果在客观上消解了法律的权威。

片段 3

1. 警察：你态度不端正，知道吗？这点儿事儿你都讲不清楚，你都不讲清楚了，反正要说真的要有点儿别的事儿，对吗？比这事儿大了，对吗？这么多人跟你讲了，跟你讲这些东西了，再那嘛了，到时候反过来你这样做对你自己，你到时你自己最灭后，结果出来了，我告你，你到时再后悔都来不及了，啊？

2. 嫌犯：您跟我一说完了，韩所说，这点儿事儿板儿拘你。我说嘛事儿都拘我，我真是含糊，我跟你说。

3. 警察：嘛事儿都拘你，得有那事儿才拘你了，知道吗？没有那事儿拘不了你/   /知道吗？没那事儿，给你捏造事儿是吗？

4. 嫌犯：是啊，我说，我说

5. 警察：那可能吗？不可能。

这段对话的参与者是警察和一个盗窃嫌犯，他们正在讨论是否应该对嫌犯实施拘留的问题。尽管在对话的最后部分，警察明确表示，他们不能随便拘留人，也不是任何事情都能成为拘留的理由，并且强调只有"那事儿"才可以成为拘留的理由，但对于这段对话涉及的最大权威——把"那事儿"和"嘛事儿"（天津方言"任何事"）区分开的权力主体（即法律），警察始终没有明说。当法律的权力主体地位再次被悄然隐去的时候，本应属于它的权威会归向哪里就成为值得关注的问题。

与此前的片段相比，警察在这一片段里并没有赤裸裸地宣称自己的权威，他在这段对话中使用最多的话语策略是附加句和反问句。第1行里连用四个附加句，第3行紧跟着又连用两个。第3、5行还连用两个反问句。这里的附加句和反问句的功能都在于加强警察说话的气势，凸显警察的权威。特别值得注意的是，这里的附加句几乎全部由"对吗？""知道吗？"构成，赋予警察"师者"和"长官"的权威色彩。在这些接二连三的强调中间，夹杂了一段长长的说教（第1行），更强化了他的长官权威。此外，根据第2行的信息可知，"嘛事儿都拘你"和"得有那事儿才拘你"的主语都是"我们"，省略主语的结果是模糊了"我"与"我们"的区分，把本属于"我们"的权威也转移给了"我"。

片段 4

1. 警察：我想给你放了都不行，法院告我们明天给我改判，改刑拘，你就被刑拘了。到那时，你可别怨我啊，我可跟你一点儿仇儿都没有，我恨不得你去五天就出来。刑事拘留你也知道吧，最少也得 30 天吧？

2. 嫌犯：行了，行了，王大哥。

3. 警察：是不是？对吗？怎么也得 30 天，关你 30 天吧？

4. 嫌犯：（警察给烟）你给我还得来个火儿啊。

5. 警察：我说对吗？你也，对吗？你当过警察，你干过立审，你应该清楚啊，对不对？

6. 嫌犯：那都是多少年代的了？

7. 警察：啊。

8. 嫌犯：王大哥，我说嘛，你呐，如果有管辖这个权力//

9. 警察：你现在啊，你听我说啊，

10. 嫌犯：啊，

11. 警察：你现在抛开这件事儿的问题，你不要跟我提。

12. 嫌犯：行，行，行，那没事儿。

13. 警察：行吗？你不要跟我提，说那没用。

这段对话的参与者是警察和一位曾经做过警察的犯罪嫌疑人，讨论的内容是犯罪嫌疑人的拘留问题。这是在隐含地涉及法律的对话片段中唯一提到法院的段落。我们或许会期待法院的"出场"会带来对法律权威的更积极建构，然而，事实并非如此。警察的言语行为不仅没有建构法律的权威，相反，接下来的言语行为都在建构自己与法律（确切地说是法院）的不同：自己更富有人情味，更希望犯罪嫌疑人受到轻度惩罚，而法律是无情的。然后通过反复使用附加句（"是不是？对吗？"）强化建构结果。

3.2 警察讯问中的权力主体、权威建构策略及效果归类

上小节的分析显示，在警察和犯罪嫌疑人的交流中，除了法律这一隐性权力主体，还出现了三类显性权力主体：法院、"我"（警察本人）、"我们"（警察和派出所的其他人）。其中，"我"出现在所有四个片段中，"我们"和"法院"分别出现在 1 个片段中。尽管按广义的权力概念（如福柯理论中的 power 概念），犯罪嫌疑人也同样拥有权力，但在上述交流中，他主要作为其他权力的施加对象而存在，无权威可言，因而本文将其排除在权威建构过程的权力主体之外。

表 1 根据上小节的分析归纳了警察围绕"我""我们"和"法院"三类权力主体而产生的言语行为。如上小节所示，在"我"作为权力主体出现时，警察实施了多种言语行为，包括：对犯罪嫌疑人使用附加句、反问句增强语气；使用正反向祈使句（你做什么、你不要做什么）对犯罪嫌疑人发出命令；使用嘲讽和贬损话语伤害犯罪嫌疑人的自尊和人格；使用夸张口气夸大自我权力；使用违反逻辑的话语制造自己的真理性（违反逻辑的话语是指使用明显不存在因果关系的句子表达因果关系）。其中，使用附加句、反问句、祈使句、嘲讽和贬损口气或词汇等言语行为都强化了警察相对于犯罪嫌疑人的权势，并因此对警察的个人权威产生了积极的建构效果；使用夸大自己权力的口气和违反逻辑关系的句子则提升了警察个人相对于制度、真理、普世原则等的地位，更直接和赤裸地树立了自己的权威。

在"我们"作为权力主体出现时，警察使用了两种策略：一是"嘛事儿都拘你，得有那事儿才拘你了"中的主语，二是通过连续的反问句和附加句强化"我"代表"我们"说话的气势。由于省略主语客观上模糊了"我"和"我们"的区别，而强化语气造就了说话者咄咄逼人的气势，因此这两类言语行为都在更大程度上建构了"我"的个人权威而不是"我们"的整体权威。

在"法院"作为权力主体出现时，警察的言语行为发生了显著的变化：他通过对比"我"与"法院"的不同（这里的"我"变成了更具有人情味、更温和、更替犯罪嫌疑人着想的权力主体）实现了对"我"与"法院"的建构。这样一来，警察在自我欣赏的同时对"法院"的权威产生了消极的建构效果。警察围绕"我""我们"和"法院"三类权

力主体而实施的言语行为及其建构效果见表 1：

表 1 警察言语行为对不同权力主体的权威的建构

权力主体	相关的警察言语行为	权威建构效果
"我"	对犯罪嫌疑人使用反问句、附加疑问句	拉大了"我"和犯罪嫌疑人的权势位差
	对犯罪嫌疑人使用正反向祈使句（命令）	
	对犯罪嫌疑人使用嘲讽、贬损的口气或词语	
	使用夸大口气表达自身权力	抬高了"我"相对于法律规定、真理及普世原则的地位
	使用违反逻辑关系的句子证明自己的真理性	
"我们"	使用反问句、附加疑问句	强化了"我"说话的气势
	省略主语"我们"	模糊了"我"和"我们"的区别
"法院"	与"我"对比	肯定自我、消解法院权威

4. 结论

本研究主要考察执法语境下警察话语实践对法律权威的建构。这一研究的合理性建立在以下两个前提假定之上：第一，随着我国法律体系的逐渐完备，树立法律的权威已经成为我国建设法治社会的瓶颈；第二，话语对法律权威的建构发挥着不可忽视的作用，执法和司法机构作为法律话语最经常展开的场所，其话语实践值得特别关注。

研究发现，虽然法律理应是执法情境下最重要的权力主体，但它始终没有作为显性的权力主体出现在警察讯问过程中，因而始终没有得到直接的正面的建构。在其他三类权力主体中，"我"（警察本人）出现得最多。"我"不仅出现在所有涉及法律权威的交流片段中，而且"我"字出现的频率也最高。尽管本研究只分析了四个交流片段，但由于"我"的地位十分突出，我们基本可以断定，在执法语境下，"我"，即警察个人的权威是其话语建构的核心。

围绕"我""我们"和"法院"三类权力主体，警察的言语行为表现出非常显著的不同。在"我"构成的语境中，警察比较频繁地使用附加句、反问句、祈使句、嘲讽和贬损口气与词语、夸张口气。在"我们"构成的语境中，警察除了使用了强化自身权势的言语行为，还出现了省略主语"我们"的行为。在"法院"构成的语境中，警察唯一的言语行为就是对比"我"与"法院"在处置犯罪嫌疑人时的不同。

这些言语行为产生的最显著效果就是对警察个人权威的积极建构。其中以"我"为语境的言语行为一方面通过强化"我"相对于犯罪嫌疑人的权势，另一方面通过抬高"我"相对于制度、真理、普世原则的地位而建构了警察的个人权威。以"我们"为语境的言语行为通过模糊"我"与"我们"的区别以及增强"我"的气势达到了同样的效果。以

"法院"为语境的言语行为则通过对比"我"与"法院"的不同及"我"的自我肯定而实现了这一效果。特别值得注意的是，这一言语实践在提高警察个人权威的同时，也在客观上消解了法院的权威。

以警察讯问为话语分析对象的现有研究（Berk-Seligson, 2009; Dastjerdi, 2011; Gordon, et al., 2009; Haworth, 2006, 2009; Heydon, 1999; MacLeod, 2010; 叶宁，2010）大都显示，警察采用的话语策略通常具有非常显著和强大的权势效果，有时甚至导致"警察语言学失范"（Berk-Seligson, 2009）。这些研究还显示，执法话语和执法实践具有非常密切的关系，甚至可以影响对犯罪嫌疑人做出的决定。本研究不仅在中国语境下证实了这些发现，而且显示，警察讯问中的话语不仅影响警察和犯罪嫌疑人之间的权势关系，对法律和执法者的权威同样具有显著影响。

上述研究发现表明，在中国社会转型过程中，虽然法律法规体系在不断健全和完善，但法律的权威还远没有建立。从执法者对个人和法律权威的建构倾向来看，我国法治社会的建设还任重而道远。

注释：

1 这一数字源于吴邦国在第十一届全国人民代表大会第四次会议上所做的全国人大常委会工作报告。在这次会议上，他同时宣布中国特色社会主义法律体系已经形成。http://www.npc.gov.cn/npc/zgrdzz/2011-06/29/content_1670534.htm

参考文献：

Berk-Seligson, S. 2009. *Coerced Confessions: The Discourse of Bilingual Police Interrogations*. New York: Mouton de Gruyter.

Dastjerdi, H. V., Latifi, M. and Mohammadi, E. 2011. Analysis of Power and Threat Manifestation in the Discourse of Traffic Police Officers: A CDA perspective. *Journal of Language Teaching and Research*, 2(1): 255-260.

Gordon, R., Clegg, S. and Kornberger, M. 2009. Embedded Ethics: Discourse and Power in the New South Wales Police Service. *Organization Studies*, 30(1): 73-99.

Haworth, K. 2006. The Dynamics of Power and Resistance in Police Interview Discourse. *Discourse & Society*, 17(6): 739-759.

Haworth, K. J. 2009. *An Analysis of Police Interview Discourse and Its Role(s) in the Judicial Process*. Unpublished Ph.D thesis. The University of Nottingham.

Heydon, G. 1999. Participation Frameworks, Discourse Features and Embedded Requests in

Police V.A.T.E. Interviews with Children. *Monash University Linguistics Papers*, 1: 21-31.

MacLeod, N. J. 2010. *Police Interviews with Women Reporting Rape: A Critical Discourse Analysis*. Unpublished Ph.D thesis. Aston University.

Mellindoff. 引自：赵洪芳，2009，法庭话语、权力与策略研究，中国政法大学博士学位论文。

胡桂丽，2007，从语气系统、话题控制看刑事庭审话语之人际意义，《湖北经济学院学报（人文社会科学版）》，第 5 期，124-125 页，140 页。

黄萍，2010，中国侦查讯问话语的对应结构研究——侦查讯问话语系列研究之一，《外语学刊》，第 4 期，82-86 页。

李响，2012，警察讯问话语目的、话语策略和话语结构，《政法学刊》，第 3 期，96-101 页。

马艳姿，2007，庭审话语权势与话语结构的微观建构，《广西社会科学》，第 8 期，154-157 页。

唐怡群、杨秀珍，2010，从言语行为理论角度试析法庭话语中权势关系，《重庆科技学院学报（社会科学版）》，第 2 期，112-113 页，117 页。

王建，2012，角色建构的话语策略——以法庭调解为例，《外国语文》，第 4 期，75-79 页。

王倩，2009，法庭审判语言冲突构成研究，《修辞学习》，第 4 期，65-70 页。

叶宁，2010，警察讯问话语——基于语类整体观的研究，浙江大学博士学位论文。

曾范敬，2011，警察讯问话语批评分析，中国政法大学博士学位论文。

张志华、蔡蓉英，2006，警察话语权行使不当的原因分析及对策，《中国人民公安大学学报（社会科学版）》，第 6 期，21-26 页。

赵洪芳，2009，法庭话语、权力与策略研究，中国政法大学博士学位论文。

The Authority of Law and the Law Enforcer

Li Yi, Nankai University

Abstract: Against the backdrop of China's legal construction, this paper draws on critical discourse analysis to explore the constructive effect of policeman's discourse on the construction of legal authority and policeman's personal authority. The data used for the analysis is collected in the community police station where policeman questioned suspects. The analysis shows that the questioning process involves four types of power subjects (law, court, policeman as the individual and policemen as the collective), with policeman's personal authority as the core of the constructive efforts. As a result, the policeman's personal authority is positively constructed, the policeman's collective authority is not obviously affected, while the authority of law and court is to some extent weakened.

Key words: law, policeman, suspect, discourse, authority

作者简介：

李艺，男，语言学博士，南开大学外国语学院英语系语言学教授，研究方向：语用学、话语分析、跨文化交流研究。

《话语研究论丛》第一辑
2015 年
第 38-48 页
南开大学出版社

象征和权力

——哈葛德小说 *She* 的性别话语关键词分析*

◎　潘红　　福州大学外国语学院、福建省跨文化话语研究中心

　　摘　要　英国通俗作家哈葛德的小说 *She* 以独特的话语方式，再现和建构了英国维多利亚末期男女性别意识和社会权力的关系。本文追溯小说 *She* 的历史语境，以批评话语分析为视角，对小说文本中指涉女性力量的 "蛇" "面纱" "她" "白色" "厌女症" 和 "母权" 等关键词及其深层话语意义进行阐释，揭示小说话语所指向的男权意识和性别伦理，探究小说话语与 19 世纪末英国社会权力结构及意识形态的关系。

　　关键词　哈葛德；小说 *She*；性别话语；女权；性别秩序

1. 批评话语分析视角下的哈葛德小说 *She*

　　1886 年 10 月 2 日至 1887 年 1 月 8 日，通俗作家哈葛德（Henry Rider Haggard，1856—1925）的小说 *She* 在其时发行量超过《泰晤士报》（Pascal, 2007）的英国《插图杂志》（*The Graphic*）上连载（第 34—35 卷，879—893 册），受到读者热烈追捧，随即出单行本，仅 1887 年一年内就连续出版 7 个版本，之后又一版再版，直至今日从未绝版；这部小说被翻译为 44 种语言（包括 1 个世界语版本），被拍成 14 部电影，其影响力可见一斑。小说塑造的阿霞女王——"不可违抗之她"（She-who-must-be-obeyed）至今仍然为人们所熟知，成为 "霸道残忍女性" 的代名词：近年 BBC 热播的电视剧《法庭上的鲁波尔》

---

　　* 通讯作者：潘虹
　　　联系地址：福建省福州市（350108）闽侯上街大学城学园路 2 号，福州大学外国语学院
　　　电子邮件：panhong3302@aliyun.com

（*Rumpole of the Bailey*）就用 "She-who-must-be-obeyed" 来指代盛气凌人、颐指气使的女人。

小说 *She* 的情节十分奇特：剑桥大学教授 Holly 的同事临终前将幼子 Leo 和记载着家族史的陶片托付给他，陶片文字记载：祭师凯利克雷特违抗祭师不能结婚的誓约，和埃及公主私奔非洲，遇船难被土著救起，统治土著的是白人女王阿霞。阿霞向凯利克雷特示爱遭拒，出于嫉妒和占有欲把他杀死，公主逃脱后将此事记于陶片代代相传，希望后人为她报仇。Leo 长大后跟教授到非洲寻宝，见到了传说中浴火永生的阿霞。阿霞苦守恋人尸体二千多年等其转世复生。而 Leo 正是凯利克雷特转世，阿霞为和他长相厮守，带他去沐永生之火。但当阿霞再次踏入火柱，却迅速萎缩返祖，阿霞临死前让 Leo 等她转世再生。

文学话语是一定社会历史语境下的语言实践。小说，作为对社会生活一种审美化的言说方式，在其虚拟的话语世界里展现社会真实，再现渗透在现实生活中的知识体系和权力运作方式。因此，小说话语蕴含了复杂的社会规约和权力意识，正如伊格尔顿所说："文学，就我们所继承的这一词的含义来说，就是一种意识形态。它与社会权力问题有着最密切的关系。"（伊格尔顿，1987：25）对文学话语的分析，就是对包孕着社会关系、权力结构的社会存在进行分析和批评，以揭示文学话语中隐含的社会权力关系和意识形态意义。同时，话语对社会现实具有支配力量。文学作为一种话语实践，也体现着权力运作的效应：文学在书写社会现实之同时，以其文本审美话语中蕴含的支配力量，诉诸于人们的情感，影响人们的价值取向和思想行为，进而以文学话语所衍生的社会权力参与社会实践，参与对社会价值和规范的建构，构筑新的社会秩序。

哈氏小说 *She* 以一个富有异国情调的历险故事，再现并建构了英国维多利亚晚期社会关于性别角色和权力关系的社会规约，凸显了作者对当时英国社会性别秩序的焦虑和审视。19 世纪后期的英国，正是社会变革、价值观念发生巨变的时代：工业化让女性走出家庭，融入社会生活，一系列法律法规的制定改变了女性的家庭和社会地位，女性角色由传统的"家庭天使"（angel of the house）转向具有独立人格的"新女性"（new woman），冲击了一贯由男性主宰的社会秩序，女权成为社会关注的焦点。哈氏以文学叙事的方式再现了英国社会巨变时代，女性社会角色变化所带来的男性焦虑，展现了男性通过行使话语权为女性再度定位，并证明自身性别身份和社会权力的话语实践，折射出这一历史节点上，男性作者对性别意识和社会秩序的探索。

话语蕴含的权力关系规约着某种社会秩序，即不同群体在社会中的主体身份、社会地位和群体认同。"话语意味着一个社会团体依据某些成规将其意义传播于社会之中，以此确立其社会地位，并为其他团体所认识的过程。"（王治柯，1999：159）社会意识中对于什么是男人、什么是女人的界定反映出社会对男女性别身份和地位的认知，折射出话语权力的隐蔽存在。在话语与社会互为建构的过程中，权力关系作用其中，但"语篇与权力的关系在语篇中非常隐晦"（田海龙，2009: 88），文学话语的社会影响不是直接的权力运作，而是间接地通过引发人们的情感和思想变化，对现实世界产生影响——文学话语的权力运作潜藏在文本的深层，隐含在文本话语的背后。

"语篇参与社会实践、再现社会事实和构建社会关系的三个社会功能与其实施这些功能的社会语境不可分离。"（田海龙，2009: 127）因此，只有将文学话语与其社会历史语境结合起来，捕捉话语深层的权力关系，才能展示文学话语对社会规约的反映和阐释，才能揭示文学话语对社会现实的支配力量、对社会意识形态的建构力量。本文旨在分析哈氏小说 *She* 文本中同现的指涉女性力量的"面纱""蛇""她""白色""厌女症"和"母权"等关键词，探究小说文本所蕴含的深层话语意义，揭示小说所展现的英国维多利亚晚期男女性别意识中的权力关系和社会意识形态。

2. "蛇"和"面纱"的隐喻：美杜莎、夏娃、莎乐美和女性力量

小说女主角阿霞（Ayesha）是统治非洲土著的白人女王，她沐长生之火而永生不死。阿霞美伦绝艳又暴戾残忍，她的美貌令人难以抗拒，她的残忍让人闻风丧胆，被称为"不可违抗之她"（She-who-must-be-obeyed），简称为"女王"（Hiya）或"她"（She）。两千多年来，阿霞为等待情人转世再生，生活在一座死火山下的墓穴（catacombs）之中，伴随着她的除了由她通过人种生育控制而成为哑巴的女奴，只有她保存了两千多年的情人凯利克雷特的僵尸。

小说对阿霞出场的叙事安排耐人寻味：小说共 28 章，女主角阿霞到第 12 章才蒙着面纱出场，第 13 章才揭开面纱展露出令人晕眩的美艳容貌。小说从第 3 章至第 11 章刻意渲染了阿霞美貌和残忍的种种传说，营造出一种对阿霞既恐惧又期待的叙事氛围。阿霞的出场伴随着"面纱"和"蛇"的意象，隐含着强烈的指涉意义：蒙着"面纱"的阿霞，身姿"如毒蛇般"柔滑轻盈，腰间缠绕着一条金子打造的双头蛇皮带（a double-headed snake of solid gold）。小说中 5 次描述、回指这条双头蛇皮带，指向西方文学中邪恶女性的原始形象——希腊神话中的蛇发女妖美杜莎（Medusa）。美杜莎以美貌勾引海神波塞冬和她在雅典娜神庙交合，辱没了处女神雅典娜的贞洁，雅典娜为惩罚她，把她的头发变成一条条毒蛇，美杜莎从此成为邪恶丑陋的怪物，任何直视她双眼的人都会变成石像。小说中的阿霞美艳无比，任何直面其美貌的男性都会失去理智、为之疯狂。"蛇"不仅邪恶凶残，也寓意着缠绕不绝的"情欲"，影射了美艳女性的邪恶魔力：女性对男性的色诱成为诱导男性走向毁灭的致命力量。因此，当男主角 Holly 首次看到揭开面纱的阿霞，

阿霞的惊人之艳让他感到阿霞是邪恶和灾祸的化身（Haggard, 1991: 155）。阿霞当着前世情人 Leo 的面用巫术杀死了他的土著妻子，在她的尸体旁亲吻 Leo，并让他当场向自己示爱，被阿霞美貌冲昏头脑的 Leo 则言听计从。美艳的阿霞有着强大的魔力，使男性即时失去血性、失去尊严，堕落成不为道德所约束的野性动物。

小说中的"蛇""夏娃"等词语把阿霞王国指向《圣经》中的伊甸园：当阿霞退去衣饰沐浴长生之火时，她仿佛是赤身裸体的夏娃站在亚当面前（Haggard, 1991: 291）。小说中有 14 处用"蛇"（snake, serpent）来描述阿霞的装扮和举止，当阿霞认出 Leo 是她前世情人凯利克雷特的转世时，甚至兴奋得像"蛇"一般发出嘶嘶的声音。小说中复现的"蛇"意象，也引发对西方文化中原始女性形象夏娃的联想：伊甸园里的夏娃听从化身为蛇的撒旦的谗言，违抗上帝旨意偷食禁果，并诱惑亚当食用，成为违背神旨、臣服于邪恶、导致人类堕落的致命原因，人类由此世代背负原罪。上帝将两人逐出伊甸园，让他们到人间繁衍生息，并规定了男女不同的性别角色：亚当须以汗水谋生、劳作终生，而夏娃则要承受怀胎生育的苦楚，并屈从于丈夫的主宰。伊甸园的失落成为男女承担不同性别角色和职责义务的起点，也是西方传统夫妻关系的最原始界定。亚当和夏娃的故事也隐喻了男性对女性的主宰：上帝先用泥土创造了亚当，让亚当成为伊甸园的统治者和主宰者，而夏娃则是上帝用亚当的肋骨创造的，夏娃附属于亚当，上帝赋予男性对女性的主宰权柄。小说中的阿霞是引诱男性堕落、导致最后失去伊甸园的夏娃。

美艳绝伦的阿霞终日以纱蒙面，"面纱"（veil）成为她不可分割的一部分。西方文化中的女性面纱意味纷杂，有着截然相反的寓意：虽然新娘面纱象征纯洁、贵族面纱象征谦逊、修女面纱象征虔诚，但面纱也负载着欲望和淫荡的寓意。小说对阿霞女王纯种阿拉伯血统的强调、对阿霞"面纱"的高频复指（全文本 28 次）以及阿霞得不到凯利克雷特而将他杀死等情节，指涉了《圣经》中莎乐美（Salome）的故事（Matthew 14:1-12, Mark 6:21-29）：先知约翰指责埃及王希律娶其兄之妻希罗底不道德，令希罗底深感羞辱和怨恨，希罗底请求希律王杀死约翰却未能成功。希律王请希罗底之女——美丽的莎乐美为他跳舞，并答应满足她提出的任何要求，莎乐美便尊从母亲意愿，要求杀死约翰。莎乐美之舞魅惑了希律王，让他信守诺言，派人取来了约翰的头颅。因此，在西方文化中，莎乐美及其"七层纱之舞"（Dance of the Seven Veils）逐渐演变为"妖妇"和"魅惑"的象征。哈氏笔下的阿霞有着同样的魅惑力和残忍计谋：她无法得到已经娶妻的凯利克雷特，她宁可毁灭他也不让别人得到，于是阿霞杀死了凯利克雷特并将其死尸保存在自己生活的墓穴之中。

"面纱"有着遮蔽性和揭示性双重的吊诡寓意："面纱"以其遮蔽性指向其背后的真实性。阿霞的"面纱"掩盖了她的美艳，让阿霞更加神秘魅惑，也隐喻了面纱背后的真实：女性力量的祸害及其带来的毁灭和死亡。小说中失落的科尔文明崇拜真理女神，在古城废墟上，玉石雕塑的裸体真理女神洁白无瑕、双翅半展、薄纱遮面，塑像座基上的古老铭文揭示了科尔人对真理的认知：尽管真理女神召唤人们揭开其面纱，但几千年来人们追寻真理却难识其貌，真理的真正面目唯有在死亡中才能得以揭示。当阿霞再次迈入火柱以求不老之术时，却立即返祖而亡。在永生之火柱中赤身裸体的阿霞，不仅照应了伊甸园里的夏娃，也呼应了前文真理女神的隐喻：只有死亡才能揭开真理的面纱（By Death only can thy veil be drawn, oh Truth!）。

"进入男性话语的女性，是一种双重存在：既可以激发男人的审美情感，又容易引起男人的拒斥心理；既使男人萌生爱恋之心，又使男人产生鄙薄之念。"（谭学纯，2001: 23）从阿霞形象的刻画，到对希腊神话里的美杜莎、《圣经》里的夏娃和莎乐美的隐含指涉，小说话语透露出将女性之美视作"祸害"的性别偏见，男性意识中的性别规约通过历史的互文得以强化，文本叙事钩织出的强势男权意识跃然纸上，指向男权中心主义的社会等级秩序。

3. "她"和"白色"的指向：女王、女权和失去亚当的伊甸园

小说书名 She 奇特且意味深长。"She"是女主角阿霞外号"不可抗拒之她"的简称，哈氏女儿在哈氏传记中曾对这一称呼作过解释：哈氏儿时，保姆常常用一个布玩偶恐吓他，这个被称作"不可抗拒之她"（She-who-must-be-obeyed）的玩偶威力无比，成为他儿时惧怕的对象（Lilias Haggard, 1951: 28）。阿霞女王因美貌和暴戾成为传奇，令非洲土著闻名丧胆，小说书名大写的"她"（She）隐含了阿霞女王无处不在的威慑力和笼罩在人们心头的恐怖阴影。

哈氏写作这一小说的最初动因是为了展示"不朽女性的不朽爱情"（Haggard, 1926: 245）。阿霞女王奇特的爱情故事，成为哈氏实现这一愿望的载体。阿霞以其暴戾残忍统治非洲两千多年，也以其缠绵欲望，在地下墓穴生活两千多年等待恋人转世再生。

阿霞的美艳"不可抗拒"。小说男主角——剑桥大学教授 Holly 对女性有着强烈的偏见和厌恶（misogynist），他首次去见阿霞时，决计要拒绝向这个异域女王行礼，但当他见到阿霞，却震慑于她的绝世之美，当即跪倒在阿霞脚下。而代表着男性之美的 Leo 见到阿霞，神魂颠倒，当即丧失善良，臣服于她的种种邪恶意愿。阿霞所表征的女性力量不仅来自她无与伦比的女性诱惑，也来自她的神秘巫术和残忍手段，更来自于她的聪颖睿智和无所不能：阿霞智慧过人、通古识今，她富有语言天赋，能说拉丁语、希腊语、阿拉伯语和英语，通读心术，能远视千里，能行医疗伤、起死回生，还通巫术，会用意念杀人。阿霞所掌握的先进科学知识赋予她更为威严的权力：她保存恋人尸体两千多年，

当确认恋人已转世重生，便用硫酸化掉尸体；她还通过人种控制，让一代又一代伺候她的黑人女奴成为驯服的哑巴。按照福柯的理论，知识所及之处即为权力涉足之地："知识不但能够增强人类的能力和进步，而且也能用来支配他人、限制他人的权力。"（福柯，1997: 271）阿霞形象表征了前所未有的女权力量。

实际上，"阿霞"（Ayesha）这个名字本身就是一个隐喻：哈氏在小说中专门注明其读音为"Assha"（阿霞）（Haggard, 1991: 149），而且说明她是纯种血统的阿拉伯人，这些都指向一个不容忽视的历史事实："阿霞"这个阿拉伯名字，正是伊斯兰教创始人穆罕默德一个妻子的名字。在穆罕默德的众多妻子中，聪颖美丽的阿霞知识渊博，是伊斯兰女性的典范。穆罕默德死后，她成为理解穆罕默德思想的可靠来源，对伊斯兰教的建立起了重要作用，她还参与国家政治和立法辩论，创办了第一个穆斯林妇女学校。因此，哈氏笔下的阿霞是美和恶的集合体：她既聪明美丽又残忍邪恶，既是有着坚贞不渝爱情的美丽女子，又是杀人不见血的恶魔女王。小说塑造的这样一个"她"（She），指涉了女性人格中美与丑的双重存在。

有着阿拉伯族血统的阿霞是白种人。小说中"白色"（white）一词的出现率很高，全文共出现 112 次，其中 38 处专门描写阿霞女王：描写阿霞肤色之"白"有 21 处，服饰之"白"17 处；另有 2 处用 snowy 描述阿霞之"白"。在当时被欧洲人称为黑暗大陆（Dark Continent）的非洲，"白色"显得尤为醒目，与小说中出现的 83 处"黑暗"（dark）形成一种对照，指涉"黑暗大陆"上白人和黑人统治与被统治的关系。一些学者（Tabachnick, 2013；Vivan, 2000； Fischer 2007；Ugor，2006）认为，康拉德小说《黑暗的心》（*Heart of Darkness*）这一书名借用了哈氏小说 *She* 中的词语"heart of the darkness"：在小说 *She* 中，哈氏用 heart of the darkness 来指非洲腹地层层叠叠的黑暗山峦（Haggard，1991：273）。"黑暗大陆"（Dark Continent）上醒目的"白色"不言而喻地确立起一种政治权力关系，指向"白人"对非洲土著的殖民统治。小说 *She* 出版的 1887 年，正值大英帝国举国庆祝维多利亚女王登基 50 周年，也是大英帝国殖民扩张的鼎盛时期。在维多利亚女王的铁腕统治下，英国经济强盛、文化繁荣，并将其触角伸向美洲、亚洲、大洋洲和"黑暗大陆"非洲，英国使用一切手段扩张领土，建立起了一个强大的殖民帝国，维多利亚女王时代成为"日不落"的帝国时代。统治非洲的阿霞还有着征服英国、成为英国女王的野心。由此，读者不难从白人女王阿霞统治黑暗非洲的故事中，捕捉到对维多利亚女王和大英帝国的影射，赋予了小说性别政治的寓意。政治体现权力结构和关系，长期以来，男女两性关系是一种统治与被统治的关系，即男性统治女性。这种权力结构被视为是理所当然的（米利特，1999）。哈氏作为处于权力结构中心的男性作家，面对维多利亚时代日益强大的女权，感受到了男性霸权的认同危机，以小说话语探索性别秩序、参与社会权力话语的建构。

小说中的阿霞生活在一座死火山下的墓穴之中，伴随她的除了由她通过人种控制而成为哑巴的女奴，只有她保存了两千多年的情人的僵尸。阿霞的世界是一个孤独、封闭的女性世界，阿霞统治的世界是失去了亚当的伊甸园。在这个世界里，阿霞是无人不从的女王，见到她的每一个男性都为她的美艳和魅惑所臣服，连一向拒斥女性的剑桥大学教授也不例外。两千多年来，白人女王阿霞操纵权柄统治着这个黑暗大陆，建立起一个主奴有序的独立王国。在这个只有统治者和被统治者的王国里，阿霞以残忍的铁腕逻辑主宰一切，她的喜好就是律法，她的意愿就是真理："别跟我谈什么我的臣民，这些奴隶不是我的什么臣民，他们只是受我差遣的狗奴才，在我得以解脱之前臣服于我。"（Haggard, 1991: 153）阿霞女王暴戾残忍，对黑人土著无端杀戮，以绝对的威慑力将其王国推入丧绝人伦的野蛮之中。阿霞还幻想着将来走出非洲去英国当女王，和转世情人 Leo 一起统治英国。阿霞的王国是失去亚当、失去男性主宰、任由她为所欲为的"伊甸园"，亚当的缺位喻指着上帝排定的男女性别秩序遭到了破坏，女性失去约束和管制，世界失去秩序。

因此，阿霞——"不可抗拒的她"（She-who-must-be-obeyed）表征了获得权力的女性威力。哈氏以女性第三人称单数 She 为小说题目，其多重寓意也在此体现："她"（She）特指阿霞女王，蕴含了令人胆战的女权力量；"她"（She）泛指维多利亚末期涌现的颠覆男性霸权的新女性；"她"（She）也指涉了整个女性群体——当女性颠覆既定的社会秩序，男性的强势生存受到挑战，男性需要对女性的社会角色和存在意义重新进行界定和规约。

文学文本记录了一个时代人们的生活轨迹，而从文学话语中剖析隐含其中的社会权力关系和思想意识动因，可以展示这个时代人们的生存现状和社会风貌。在维多利亚时期，英国的工业发展、殖民扩张冲击了传统的价值观念、社会道德和伦理关系，女权成为维多利亚社会的关注焦点，男性带着焦虑寻求自我身份和权力确认，探求英国社会转型期的男女性别伦理和社会秩序。

4. "厌女症"和"母权"的背后："新女性"、女权焦虑和社会转型的性别秩序

男权统治下的女性角色是"家庭天使"，婚姻是她们的最后归宿，女性地位卑微，只能以沉默和顺从来接受命运的安排、以忍让和牺牲赢得丈夫的认可。工业革命使女性走出家庭，融入社会。维多利亚晚期，英国出现了一批具有叛逆精神的"新女性"（New Woman），她们反抗父权压制，向往自由平等，追求人格独立，为争取在教育、经济、爱情、法律上获得与男性平等的权利不懈抗争。然而，女性对命运的抗争，招致男权社会对女性更大的歧视和偏见，维多利亚后期的"厌女情绪"（misogyny）也愈加强烈。

小说男主角——剑桥大学教授 Holly 及其养子 Leo 都表明自己厌恶女性

（misogynistic）：Holly 不允许雇女佣来照料养子 Leo，Leo 成年后也对女性避而远之，可一旦面对阿霞，他们却都无法抗拒其魅力，甘心服从其残忍意愿。"厌女"情绪将男女两性置于对立位置，隐含了男权体制下男性权力话语对女性的歧视和压制。男权意识将男性置于社会主宰的地位，男性是社会规则的制定者，由此而来的男性话语权规定了女性的角色、掌控着女性的命运。男权意识中的女性，正如美杜莎、夏娃和莎乐美，只是激发男性欲望、诱惑男性、导致男性走向毁灭的邪恶力量。

反观英国维多利亚社会，"厌女"有其深刻的历史诱因：面对女权的兴起，男性对女性的排斥和厌恶成为男性极度自我保护、维持自身优越的一种手段。至哈氏小说 *She* 发表的 1887 年，英国已经出台了一系列法律法规，女性地位开始发生根本性的变化：1857年通过的《婚姻法案》（The Matrimonial Causes Act）首次取消了宗教法庭对离婚案件的管辖权，允许世俗民事法庭做出离婚判决，1878 年的修正案又赋予女性更大的离婚自由。1870 年的《初等教育法》（Elementary Education Act）标志着英国国家教育制度的确立，随之而来的一系列教育法修正对实施义务教育做出了种种规定，初等教育逐渐普及，赋予女性受教育的平等权利。1882 年的《已婚女性财产法》（The Married Women's Property Act）赋予已婚妇女获得、拥有或随意处理不动产或个人财产的权利。1886 年的《儿童监护人法》（Guardianship of Infants Act）又赋予女性在丈夫去世后成为儿女单独监护人的权利。这一系列的立法保障了英国女性在教育、婚姻、财产继承等方面的权利，推进了女性的独立身份意识，涌现出一批勇于反抗传统价值体系、倡导女权的"新女性"，社会对女性的社会角色和地位的评判也发生了变化，女权挑战使男性深感焦虑。

哈氏以文学叙事的方式回应了这一时期的社会变化。值得特别关注的是：小说男主角启程到非洲探险的时间是 1881 年，这一时间安排并非偶然，而有其深刻的社会背景：这一年，牛津大学考试开始向女生开放，象征着男性特权的知识领域开始崩溃（Showalter，1992: 85）。

而传统的政治权力就是男性权力，阿霞女王的统治隐喻着政治权力向女性的转移。但当女性进入传统的男性社会活动空间，男性独霸知识领域的强势意识受到挑战，男性的自我护卫以更为强势的话语得以展示。小说男主角 Holly 等人踏上非洲大陆，对野性非洲的书写——狮与鳄的厮杀、射杀羚羊、血腥狩猎等场面，潜隐着强烈的男性征服欲望和好斗姿态，指向男性优越以及男权意识中的暴力倾向和强者生存法则。

阿霞统治的非洲土著"阿玛哈格"族群表面看来有着母系社会的特点，女性被看作"生命之源"，她们被免除繁重的体力劳动，有着主动选择配偶的权利，但女性行使话语权的所谓"自由"，仍然是在男权的规约之下，族群的首领——制定族群规约的依然是男性，女性实际上只是激发男性欲望和繁衍族群的生育工具。小说中的土著女人个个美丽非凡，她们对于男性是难以抗拒的勾引者（seducer），以美貌将男性引入歧途。族长 Billali 失去妻子后感到更加幸福，因自己年事已高不再成为女性引诱的对象而如释重负。不仅如此，女色还被看作是一种可以估价出售的商品（Haggard, 1991: 202）。因此，"阿玛哈格"族群的组织形态依然是男权统治，女性的生活和生命实际上为男性所主宰：尽管男性以更高的姿态迁就她们，但当族群中的年长女性倚老抗衡男权时，她们就惨遭杀戮，为的是维护族群中男女权利的平衡——这实际上从另一个方面揭示了女性作为诱惑和生育机器的男权逻辑。阿霞极端自私、专横暴戾、任意杀戮，影射了极端女权的灾难性后果。

在小说所再现的历史语境下，传统男性霸权和觉醒中的女权意识抗争角逐，成为维多利亚晚期英国社会权力关系的一个冲突焦点。哈氏小说以义学话语预言了女权的最终走向：女权带来的最终结果是女性的自我毁灭，正如阿霞在永生火柱中渐渐枯萎死亡。

5. 结语

萨义德认为，西方文化与帝国主义有着共谋关系，小说是一种文化形态，与维多利亚时期的政治文化、意识形态互为成就（萨义德，2003：79-81）。体现文化形态的小说，以文学话语的方式，回应了一个时代的社会规约和思想意识，成为传播主流意识形态、建构社会秩序的一种手段。小说所书写的社会历史，往往是正史无法企及的，因为小说话语触及的是社会的深层意识和潜在权力关系，指向社会问题的症结所在。虚构的文本蕴含着历史的真实，向读者呈示了历史学家无法企及的社会内涵，正如殷企平所说："虚构作品向我呈现了时代和生活，呈现了社会风俗和社会变迁，呈现了反映社会特征的服装、娱乐和欢笑，以及不同社会时期的荒谬之处……。即便是最高产的史学家，恐怕也无法向我呈现那么多吧。"（殷企平，2009：198）

哈葛德小说 She 中的"蛇""面纱""她""白色""厌女症""女权"等词，是小说话语网络上指向小说主题的关键节点，更是指向话语所隐含的社会权力关系和意识形态的关键节点。对这些关键词的分析和批评，从一个层面阐释了小说话语与社会的密切关系，揭示了文学话语对社会的再现和建构功能。文学话语所探求的是人的自我审视，是人与人、人与社会、人与世界的关系。因此可以说，小说 She 这一奇特的历险故事提供给读者的，不只是阅读消遣和大众娱乐，而是一定历史语境下的社会事实和意识形态，是一个民族对人伦道德、社会秩序和生存哲学的深度思考。这是哈氏小说长久不衰的魅力所在，也是对这部小说进行批评话语分析的意义所在。

注释：

本文为 2013 年国家社科项目"哈葛德小说在晚清：话语意义和西方认知"（编号 2013BWW010）的阶段性成果之一。

参考文献：

Fischer, P. 2007. The Graphic She: Text and Image in Rider Haggard's Imperial Romance. *Anglia, Journal of English Philology*, 125: 266-287.

Haggard, L. 1951. *The Cloak that I Left*. London: Hodder and Stoughton.

Haggard, R. 1926. *The Days of My Life: An Autobiography*. C. J. Longman (ed.). London: Longmans.

Haggard, R. 1991. *She*. Karlin, Daniel (ed.). Oxford: World's Classics.

Showalter, E. 1992. *Sexual Anarchy, Gender and Culture at the Fin de Siècle*. London: Virago Press.

Tabachnick, E. S. 2013. Two Tales of Gothic Adventure: She and Heart of Darkness. *ELT Journal*, 56: 89-200

Ugor, P. 2006. Demonizing the African Other, Humanizing the Self: Hollywood and the Politics of Post-Imperial Adaptations. *Atenea*, 26: 131-149.

Vivan, I. 2000. Geography, Literature, and the African Territory: Some Observations on the Western Map and the Representation of Territory in South African Literary Imagination. *Research in African Literature*, 31: 49-70.

[法]福柯，1997，《权力的眼睛——福柯访谈录》。严峰译，上海：上海人民出版社。

[美]凯特·米利特，1999，《性的政治》。钟良明译，北京：社会科学文献出版社。

[美]萨义德，2003，《文化与帝国主义》。李琨译，上海：生活·读书·新知三联书店。

谭学纯，2001，话语权和话语：两性角色的"在场"姿态，《宁波大学学报》，第 4 期，22-27 页。

[英]特里·伊格尔顿，1987，《二十世纪西方文学理论》。伍晓明译，西安：陕西师范大学出版社。

田海龙，2009，《语篇研究：范畴、视角、方法》。上海：上海外语教育出版社。

王治柯，1999，《福柯》。长沙：湖南教育出版社。

中国基督教三自爱国运动委员会，2007，《圣经》（中文和合本，Matthew 14:1-12，Mark 6: 21-29）。上海：中国基督教两会出版部。

Symbol and Power: A Key-word Analysis of Gender in the Novel *She* by Haggard

Pan Hong, Fuzhou University

Abstract: The novel *She* by English popular novelist Henry Rider Haggard represents the features of gender politics and power relationship in the late Victorian England, which in turn, serves to construct the social values and gender consciousness of the time. This article traces the historical context of the novel and approaches the text from the perspective of critical discourse analysis. By analyzing and interpreting such recurring key words in the novel as "snake", "veil", "shc", "white", "misogyny", "matriarchy", this article aims to reveal the male chauvinism, gender conflicts and ethics hidden in the discourse, and further explores the relationship between the narrative discourse and the social power structure and ideology of the transitional period of Victorian England.

Key words: H. R. Haggard, the novel *She*, gender discourse, feminism, gender order

作者简介:

潘红，福州大学外国语学院教授、博士、院长，福建省跨文化话语研究中心主任。研究方向：文体学、批评话语分析、翻译研究。

《话语研究论丛》第一辑
2015 年
第 49-59 页
南开大学出版社

论 文

政府新闻发言人形象的话语建构

——批评话语分析视角*

◎ 赵　芃　　天津商业大学外国语学院
◎ 张穆瑶　　天津商业大学外国语学院

摘　要　本文基于对 7 月 23 日甬温线动车特大事故后新闻发布会上发言人答记者问的语篇进行批评话语分析，探讨了新闻发言人如何根据自己的特殊身份来构建话语形象，以及怎样通过新闻发布会语篇中消息交换平等性的特点来削弱机构发布信息的强制性。通过对该案例的研究，本文希望为新闻发言人话语形象的研究提出一种新的话语表达模式。

关键词　批评话语分析；新闻发言人；话语形象

1. 政府新闻发言人及相关研究

新闻发言人是国家、政党、社会团体任命或指定的专职（比较小的部门为兼职）新闻发布人员；他们一般是该部门中层以上的负责人，其职责是在一定时间内就某一重大事件或时局的问题，举行新闻发布会，或约见个别记者，发布有关新闻或阐述本部门的观点立场，并代表有关部门回答记者的提问（邱沛篁，2004）。目前对新闻发言人的研究主要有发言人制度、发言人媒体素质、发言人角色定位、语言特征等几个视角。

较多学者对新闻发言人的制度进行了研究，程曼丽、谢立言（2012）认为，新中国

---

* 通讯作者：赵芃
联系地址：天津市（300134）北辰区津霸公路东口，天津商业大学外国语学院
电子邮件：zhaopeng@tjcu.edu.cn

新闻发言人制度可追溯到 1982 年，时任外交部新闻司司长、新闻发言人钱其琛在当年 3 月主持新闻发布会，而正式宣布我国建立了新闻发言人制度则是在次年（1983 年）4 月。此外，文章还介绍了中国新闻发言人制度建立的简要历程，提出了对中国新闻发言人制度的建议。曹劲松（2010）在论文《党委新闻发言人制度初探》中阐释了发言人制度建立的必要性，描述了党委新闻发言人制度的基本架构，涉及党委发言人的设立、职责要求、支撑体系以及问责机制四项内容。同时，他还提出了发言人的基本素养和新闻发布的组织与实施。其他学者也在新闻传播学体系中为发言人制度的研究做出了贡献，如郭小平（2006）明确提出在当前社会，要谨防新闻发言人制度走样，建议遴选新闻发言人的标准应专业化；严功军（2008）反思了我国新闻发言人制度的不足；李姗姗、严小龙（2014）指出新闻发言人制度从属于政治体制等。

杜江等（2005）最早在理论层面论述了政府新闻发言人媒介素质。邱沛篁（2004）将媒介素质定义为人们对各种媒介所传播信息的选择、诠释、认识、利用、质疑和评估的能力。他在文中重点指出新闻发言人应了解新闻传媒的运作规律和特点，熟悉新闻传媒记者，努力与新闻传媒人员交朋友。闻学峰（2007）提出了基本素质要素应包括三种知识和三种能力，前者包括新闻学知识、传播学知识、媒体知识，后者包括选择和处理媒介信息的能力、与记者沟通和协调能力、利用现代传播技术的能力。邓若伊、蒋晓丽（2010）认为发言人为提高行政效能和塑造良好形象必须以强化政治素质为先导。

关于新闻发言人角色定位的研究，不同的学科领域的学者们给予了不同的分类方式。从社会表演学的角度，黎力（2012）指出在社会生活中，每个人扮演诸多社会角色，新闻发言人召开新闻发布会时，通常把自己各种社会角色混为一体，来不及转换角色，是导致新闻发布会失败的主要原因。从新闻传播学的角度，罗已澄、赵平喜（2013）认为新闻发言人扮演了政府信息发布者、政府诉求代言者、政府危机公关者的社会角色。从传播学和写作学角度，李明德（2010）阐释了不同的理论背景下，发言人将承担不同的功能，饰演不同的角色。根据不同理论，发言人分别扮演着组织界限沟通者、符号整理者、舆论引导者、控制者、说服者和政府形象代言人六个角色。

对发言人语言特征的分析，主要包括说服技巧、语体、语言形式和语言风格四个方面。凌云（2008）概述了发言人说服信息的影响主要体现在态度差异、信息恐惧感和信息呈现方式三方面。同时，记者也应在某些时候表现得稍微弱势一点以起到以柔克刚的作用。李宇明（2010）提出从语言学的角度考察新闻发言人语言性质时，可以先从语体方面入手。新闻发言人的语言是由公文语体和新闻语体嫁接得到的一种新语体，虽以口语为主，但伴有很多书面语成分，这种观点为新闻发言人语言研究提供了一种新视角。王旭明（2012）指出发言人应以真诚、善良、宽容的态度及表达方式传递信息。作者在这三方面分别进行了阐释并举出详例，如在发言过程中要忌讳大而空的口号，善意表达，危机事件面前慎用修辞等。张洋（2013）总结了影响语言风格塑造的原因分为客观原因与主观原因。

除上述研究主题外，还有学者从语用学视角运用顺应论、关联理论、面子理论等针对新闻发言人的发言进行研究。如李清（2005）对外交语言策略中的合作原则和礼貌原则进行了分析；孙慧娜（2007）采用定性分析法，对官方新闻发布中的模糊修辞现象进行实证性研究，探讨了官方新闻发布模糊修辞的运用原则和技巧；郭静（2011）从顺应论的视角对比分析了中美外交新闻发布会中的闪避回答等。

尽管与新闻发言人相关的这些研究课题得到不同领域和学者的关注，并取得一定的研究成果，然而，从目前掌握的文献来看，还未发现从批评话语分析视角对新闻发言人的话语形象进行探讨的个案研究。这是一个非常重要的研究课题，因为新闻发言人的话语形象在很大程度上关系着其作用的发挥与工作的成败。有鉴于此，本文对 2011 年 7 月 24 日原铁道部新闻发言人对前一天甬温线动车特大事故召开的新闻发布会上的话语形象进行批评话语分析，探讨新闻发言人构建话语形象的重要性及其策略。

2. 分析方法

批评话语分析采用语言学的研究方法，包括话语分析、系统功能语言学、认知语言学和语料库语言学的研究方法，通过对话语这一社会实践从社会学、传播学、人类学等视角进行分析来研究各种社会问题，揭示语言运用中隐含的意识形态及体现的权力关系（田海龙，2009b）。在批评话语分析中，话语指人们在社会生活中使用的语言，以及人们运用语言的方式和制约人们运用语言方式的规约。在社会生活中，人们根据自己的社会地位、交流对象、所在场合以及各自依托的机构在选择使用不同的词汇、句式、体裁、模式来传递信息、参与实践、构建身份、再现事实（田海龙，2009a；赵芃，2013a，2013b）。它存在于大的社会情景之中，并依托于社会机构（institution）以扩展其生产范围，在社会实践（social practice）中进行生产并对社会实践产生作用（Fairclough，2003）。与此同时，在这一过程中话语也成为体现权力关系和再现意识形态的一种社会实践形式。

本文的分析方法采用系统功能语法中的人际功能研究。韩礼德（Halliday，1985）提出系统功能语法，认为语言具有概念、人际、语篇三个纯理功能。其中，人际功能关注说者与听者建立和保持人际关系的过程，即说者通过语言表达自己的态度，并影响听者的态度和行为。该纯理功能从三个语法层面表达了说者对待事物的观点和态度。这三个层面分别是说者的情感、态度以及说者与听者保持的距离。通过对语篇中说者的语气（mood）进行分析可以看出说者阐述事件时的情感，对说者情态系统（modality）使用的考察可以实现对说者态度的研究，对说者名物化（nominalization）的使用进行分析体现出说者与听者之间的距离。本文将以"7.23"动车事故新闻发布会上发言人的答记者问的内容为分析对象，从语气、情态系统和名物化三个方面进行分析，考察其新闻发言人话语形象。

3. 案例分析

甬温铁路列车追尾事故发生在 2011 年 7 月 23 日。当时，由北京南站开往福州站的 D301 次列车与杭州站开往福州南站的 D3115 次列车发生同向动车组列车追尾事故，事故造成 40 人死亡，导致经济损失上千万。2011 年 7 月 24 日晚 22 时 50 分，铁道部召开新闻发布会，时任铁道部政治宣传部部长、新闻发言人王勇平介绍事故情况并回答记者提问。在发布会上，王勇平与记者就当前救援形势及善后情况等进行了信息交流，在这个交流过程中，王勇平是信息的提供者，记者们是信息的接收方。因此，本文把信息提供者、代表铁道部召开新闻发布会的王勇平定义为分析中的说者；把代表大众媒体与民众接收信息的记者定义为听者。

3.1 语气分析

当进行对话时，语气可以直接有效地表达一个人的态度和感情。通过对王勇平答记者问时说话语气的数据分析，可以发现陈述语气的句子所占比例最高，为 72%，这也正表明，召开新闻发布会的目的是传达消息（giving information）。作为一位说者，他有责任来澄清民众的疑惑。命令语气的运用显示出王勇平在新闻发布会的领导作用，他像一位主人一样，安慰到场的记者，让他们保持冷静，注意会场安全。当说者试图强调某些信息，或者他希望引起听者注意时，会用疑问语气，但是，作为消息的发布者而不是消息的接收者，尤其代表国家权威部门发布消息，疑问语气的运用应该占很小的比例。然而，分析发现疑问语气占到了所有语气的 15%。王勇平多次向记者询问目前抢险救援情况，甚至有时都不记得记者提出的问题，这些表现都反映出他既没有用心关注救援工作的进程，也不认真听取记者的提问。感叹语气通常用来抒发感情，一般情况下，不常用在正式的场合。尽管在答记者问环节，感叹语气只有四句话，所占比例仅为 3.67%，但是，恰恰是这几句话，成为了导致新闻发布会失败的致命因素：

（1）这是一个奇迹！你说为什么……

（2）目前，他的解释理由是这样的，至于你信不信，我反正信呢！

王勇平在谈论车体掩埋和寻找到生还女童这两个问题时，使用了感叹语气。他不仅是铁道部的一名官员，更是一名普通的中国百姓。面对伤亡惨重的动车事故，他说话的语气却显得如此的冷漠与无辜。在长时间的救援工作结束后又发现一名女童，这的确是个奇迹，但是使用感叹的语气，让听者觉得铁道部没有责任心，以一个局外人的角度在评论这件事，表现了王勇平的冷漠。

3.2 情态系统

情态意义可以由多种形式来体现，当进行信息交换时，可从可能性（probability）或者经常性（usuality）来评判信息的可靠程度，此时情态类型为情态化（modalization）。情态化可以通过情态动词及情态副词来表达，同时二者也可结合起来实现情态化意义。韩礼德（Halliday，1985）研究了状语表达情态的问题，指出不同类别的状语可分别用于表达可行性、经常性、可靠性、倾向性、时间及程度。

观察铁道部发言人答记者问的过程，发现多次出现了程度状语，如：

（3）我反正信呢！

根据《现代汉语词典》，"反正"这个状语表达虽然情况不同而结果并无区别的意思；表达说者对所述之事非常肯定的态度，即无论别人说什么跟我无关，对此我深信不疑。使用这个副词可以加强对事实的确定性，增强说者信息的权威性，但是也凸显了在特殊情况下，说者为维护政府权威，没有根据实情耐心引导听者接受信息的问题。如此武断的态度会使民众曲解政府信息，认为情况有所不同，但是却不愿公开，在话语层面拉大了政府与群众间的距离。

（4）我只能回答你，这样的事情就是发生了，事情就是这么样。

"只能"意指唯一能够、唯一的可能性，表明说者现在仅仅可以提供确认儿童存活的信息。说者希望使用程度状语体现信息交互的平等性，证明说者与听者掌握着同样多的信息来源，但是"只能"同样也表达着无奈、别无他选之意。使用该程度状语会使媒体误以为政府掌握了更多的信息，但是说者在目前情况下不能够公开更多信息，引起民众对信息不对等的质疑。

通过对王勇平回答记者提问的过程中情态动词的使用情况进行分析可以发现，说者多次使用"会""可以"这类表示把握性很大的词汇，一方面强调了政府迅速开展救援、进行事故调查的能力；另一方面也说明经过一天紧张的抢险救援，目前铁道部已经掌握了部分可靠消息和精确数据，增加了发布会话语的可信度。如：

（5）我可以负责任地告诉你，等到这些工作都做到位的时候……

"可以"作为情态动词表示能够，当记者询问关于公布死亡人员名单（实名制）的问题时，说者选择使用第一人称"我"，动词"可以"以及副词"负责任地"进行补充，表示有充足的把握能够兑现实名制公开的承诺。2011年6月，根据国家规定，中国铁道部首次实行实名制购票制度，制度实行后颇受争议。动车事故的发生使民众的焦点再次聚集到实名制上。说者作为政府机构的代言人，使用肯定情态动词，表示了政府对于实名制意义的认同以及以公平、公开的态度对待每一位死者及家属，同时也树立了政府在诚信方面的良好形象。此外，"能够""应该"这类词的使用，是一种责任的体现，在黑匣子（监控系统）尚未完全被分析出来之前，很多事情是无法立即下结论的，王勇平使用表示推测的助动词，让民众更容易接受现实。

不同的情态副词具有不同的量值，所表达的意义也会有差异。它们可以表示不同程度的情态意义。根据韩礼德（Halliday，1985）的观点，情态量值可分为高、中、低三级，从高到低排序，可能性的量值分别为：certain（确定），probable（可能），possible（也许）。选用不同的情态副词，表示出信息的可靠程度不同。如：

（6）国务院已经组织事故调查组，将会认真地、严肃地、细致地把事故调查清楚，铁道部会积极配合这次事故的调查。

"会"作副词使用，表示必然、一定（现代汉语词典，2012），根据韩礼德对情态副词的划分，属于高情态量值，表示说者传达信息的可信度高。"将"字与"会"字连用，让民众相信政府部门必将会对此次重大动车事故展开仔细、谨慎、周全的调查，让失职人员承担相应的责任，做好完备的安抚工作，还百姓一个安全的乘车系统。同时铁道部作为主要事故责任部门，使用"会"表示出对责任的担当。此外，在答记者问环节，说者还使用了"可能"的中情态量值，肯定推测显得更弱一点，在传递信息中偶尔使用"可以"使话语变得更委婉，有利于缓解会场紧张气氛。

3.3 名物化

名物化是系统功能语法中概念隐喻的一种，是指把句子中的动词和形容词转化为名词和名词词组，从而使这种名词和名词词组具有名词的语法功能的同时具有动词或形容词的意义。费尔克劳（Fairclough，1992）指出名物化将过程转化为状态，将具体的事物抽象化，削弱甚至隐含了动作的实施性，模糊了时间概念与事件的原因与责任，掩盖了参与者，从而遮掩了许多可以揭示的意识形态范畴的语言信息。

在答记者问环节中，名物化的使用集中出现在记者询问重新开通线路时间和伤亡人员赔偿两个部分。其中，听者询问"那您估计最快会什么时候开通"时，说者两次均以"已经具备了开通的条件"作为回答。对话中，说者将"开通"名物化为"开通条件"，避免使用物质过程小句，没有正面回答听者提出的具体开通时间的问题。对于开通条件也没有任何定语来修饰，未明确指出具备开通条件却不运行火车的原因。此外，新闻发言人的回答语句缺少主语，模糊了铁道部或事故技术组的主动性和动作施为性，在调查尚未结束前，客观地陈述了开通情况的事实。

4. 形象建构

语言使用者在交际过程中自觉或不自觉地不断地选择语言的句式和词汇来表达自己的观点态度，并在这个过程中也建构出自己的社会身份（田海龙、张近曾，2007）。在我们的个案研究中，新闻发言人作为说者在发布会过程中通过选择不同的语气、情态系统词语以及含有动词意义的名词，表达了自身对待事故的情感、态度，并控制与听者即记者的距离，这其中也建构出新闻发言人的话语形象。

从以上分析可以看出，铁道部新闻发言人试图把自己构建为一个沉稳客观且平易近人的代言人形象。例如，选取肯定性情态助动词，可以增加发布会信息的可信度；使用高量值的情态副词，可以表达政府处理事故的决心；名物化的使用客观地解释了事故铁路的开通情况；采用感叹语气试图增加信息的权威性；运用疑问语气以拉近与听者的关系。新闻发言人借助这些语言选择希望客观转述铁道部的信息，让听者感受到政府的威信，削减与听者的距离。

然而，铁道部新闻发言人如此通过语言选择建构的形象没有得到听者的认同。从语言选择上看，新闻发言人疑问语气的使用让听者认为说者并没有仔细听取问题同时也不了解事故调查进展情况，使听者质疑说者信息的可靠度；说者对存在幸存者事实的评价使用感叹语气让听者及听者代表的群众感受到了说者以及说者代表的铁道部的冷漠无情，拉大了政府与群众的距离。说者通过语气选择试图建立的权威信息发布者形象并没有被听者认同。听者在接收到说者的信息后，认为说者将动车事故置身于外，表现出面对同胞伤亡漠不关心的情感，以不严谨的态度面对事故调查数据，听者认为说者拉大了与听者的距离。因此，听者为说者建立了一个冷漠、不可信赖的代言人形象。

同样的语法成分，说者和听者却建构出了不一样的发言人形象。造成说者试图建立的形象与听者在接收信息后对说者形象的建构不相符的原因首先在于说者语气选择的失败。在信息内容方面，说者情态系统和名物化的使用体现了政府信息的权威性与说者代言人的身份，但是在信息表达时，由于语气的不当，导致说者试图建立的形象遭到否定。其次，说者也应将民众的情绪以及心理变化作为语言选择的考虑因素，即在重大事故发生后的新闻发布会上，听者均持严肃沉重的态度寻求政府的权威信息，而说者选用感叹语气号召听众相信说者自身及代表的铁道部以调和发布会气氛，没有顾及在场听者的情绪，最终导致了发言人形象不被听者接受，遭到民众抨击的结局。

5. 讨论

在 2011 年，京沪高铁因其工程建设、运行控制、节能环保等多个方面都有着重大技术创新，各项指标均达到世界先进水平，一度成为我国政府和百姓关注的焦点，在当年6月30日正式开通运营后仅23天，便由于天气与技术问题导致"7.23"甬温线特大动车事故的发生，铁道部作为关键负责部门，必须要在第一时间发布事故相关信息。铁道部选择了召开新闻发布会的形式来通报事故的相关情况及抢险救援工作进程。

新闻发布会上新闻发言人及其言行代表了政府机构和相关部门，而一个机构发布消息的途径有很多，从书面形式上来看它既可以选择以公告的形式刊登在部门官方网站上，也可以将其编写成一则简讯在第一时间通过电视、电台传达给百姓，或是以记者报道形式发表在国家重要报纸期刊上；从口头上看它也可以选择召开新闻发布会来通报相关情况，这样就将新闻话语与机构话语联系起来。在铁道部新闻发布会这个社会实践中，存在新闻话语和机构话语两种不同的话语，形成了一个混杂的话语实践。

机构话语中涉及国家相关部门，也就存在话语的权威性、统治性和权力的不对等性。而在新闻话语中，记者用询问、说明的语气向新闻发言人提问，试图得到想要的信息；发言人通过耐心描述、解释，向记者展示事情发生的过程，一问一答的话语模式，使得消息传达非常自然。发言人与记者处在消息对等的情况下，新闻发布会在平稳、和谐的氛围之中进行。当机构语篇和新闻发布会语篇结合时，通过发言人在新闻发布会传达信息过程中语气、情态系统、名物化的推敲，消除机构语篇的不对等性，使听众信服地接受他们所获得的信息并认同信息的合理性，是树立和谐话语形象，建立话语表达的理想模式。

所以，如何将不平等之下的表面平等表现出来，削减两者之间的隔阂，成为了话语表达的关键。在事故发生后，铁道部重压之下迅速召开新闻发布会，代表政府官方发布消息，维护政府公信力，新闻发言人作为铁道部的代表，应该通过自己多年的经验，在发布会谈话的模式下，选取合适的词汇来弱化这种机构强制性，缩小政府权威性与百姓之间的差距，让记者得到自己想要的答案，顺其自然地认可其所传达的信息，建构沉稳客观的代言人形象。但是，基于上述语言分析不难看出，铁道部新闻发言人在答记者问环节中，说者在会场以刚下飞机不了解情况为借口，不断使用询问语气，询问听者当前救援情况，而自己却像是一个消息的接收者，当面对一些犀利的问题时，由于不是很了解情况，解释不清，便用"反正""就是这样的"等语气副词将信息强压给记者，难以服众。由于其语气、用词的不当，听者在发布会不断对说者传达的信息提出质疑，认为接收到的消息并不符合事实，说者明显是将结论强压给听众，官方与百姓之间的隔阂无形间被拉大了。全程18分钟的答记者问环节，新闻发言人想以一种诚恳的态度面对记者的提问，却忘记了这次发布会是以重大动车事故为背景，肩负代表国家权威机构发言重任的他，只有一个好态度是远远不够的。因此，动车事故发生后，这场失败的发布会并没有起到良好的安抚公众心理及汇报工作的作用，而是暴露了更多的问题，使铁道部及政府的公信力下降，起到了消极作用。

6. 结论

以上对"7.23"动车事故铁道部新闻发布会上发言人答记者问的话语分析显示：政府新闻发言人具有混杂性的话语形象，一方面机构性话语特征赋予他发布消息的权力，另一方面新闻话语特征赋予他与提问记者的平等关系。只有在语气、情态系统、名物化等方面恰如其分地运用语言，才有助于帮助机构和政府树立良好的公信形象，也有助于让大众了解到事件的真相。在这一点上，本文的个案研究从一个侧面呼应了李宇明（2010）对新闻发言人语言研究的重视和强调。

参考文献：

Fairclough, N. 1992. *Critical Language Awareness.* London/New York: Longman.

Fairclough, N. 2003. *Analysing Discourse: Textual Analysis for Social Research.* London: Routledge.

Halliday, M.A.K. 1985. *An Introduction to Functional Grammar.* London: Edward Arnold.

曹劲松，2010，党委新闻发言人制度初探，《南京社会科学》，第 3 期，51-59 页。

程曼丽、谢立言，2012，我国政府新闻发言人制度的建立与完善，《求索》，第 5 期，207-208 页。

邓若伊、蒋晓丽，2010，论党委新闻发言人的政治素质，《新闻研究导刊》，第 1 期，53-55 页。

杜江、邱沛篁、赵英，2005，《新闻发言人理论与实务》，四川：四川大学出版社。

郭静，2011，中美外交新闻发布会中闪避回答的对比研究——顺应论视角，南京财经大学硕士论文。

郭小平，2006，危机传播中的新闻发言人制度，《中国广播电视学报》，第 3 期，28-30 页。

黎力，2012，角色定位：新闻发言人社会表演的关键，《新闻爱好者》，第 16 期，39-40 页。

李明德，2010，传播理论视野中政府新闻发言人的角色定位，《东南传播》，第 12 期，16-19 页。

李清，2005，论外交语言策略中的合作原则好礼貌原则，安徽大学硕士学位论文。

李珊珊、严小龙，2014，公共危机治理中的政府新闻发言人制度研究，《求索》，第 4 期，

52-56 页。

李宇明，2010，应重视新闻发言人语言研究——在"新闻发言人语言学术研讨会"上的发言，《北华大学学报（社会科学版）》，第 1 期，26-27 页。

凌云，2008，新闻发言人的说服技巧，《新闻与写作》，第 3 期，41-42 期。

罗以澄、赵平喜，2013，从新闻执政到公共服务：重构我国政府新闻发言人的角色，《江淮论坛》，第 6 期，5-12 页。

邱沛篁，2004，论新闻发言人，《西南民族大学学报（人文社科版）》，第 3 期，313-316 页。

孙慧娜，2007，官方新闻发布会的模糊修辞现象研究，暨南大学硕士学位论文。

田海龙、张迈曾，2007，语言选择的后现代特征，《外语学刊》，第 6 期，8-12 页。

田海龙，2009a，批评性语篇分析在中国：借鉴与发展，《中国社会语言学》，第 2 期，1-9 页。

田海龙，2009b，《语篇研究：范畴、视角、方法》，上海：上海外语教育出版社。

王力，2008，浅谈政府形象和政府新闻发言人形象，《理论视野》，第 12 期，10-11 页。

王旭明，2012，王旭明说新闻发言人之一：要想发好言 首先做好人，《新闻与写作》，第 6 期，39-41 页。

闻学峰，2007，论我国政府新闻发言人的媒介素质，《宁波大学学报（人文学科版）》，第 5 期，119-124 页。

严功军，2008，我国新闻发言人制度完善的新趋势，《新闻界》，第 2 期，46-49 页。

张洋，2013，《新闻发言人语言风格研究》，北京：中国社会科学出版社。

赵芃，2013a，话语的再现情景化和价格垄断的建构与解构，《语言学研究》，第 13 辑，第 202-211 页。

赵芃，2013b，话语秩序的动态特征："价格垄断"的话语建构及其启示，《外语与外语教学》，第 4 期，第 22-26 页。

中国社会科学院语言研究所词典编辑室，2012，《现代汉语词典（第 6 版）》，北京：商务印书馆。

The Discursive Image of Government Spokesman: A Critical Discourse Perspective

Zhao Peng, Tianjin University of Commerce

Zhang Muyao, Tianjin University of Commerce

Abstract: This paper takes a critical discourse perspective to analyze Wang Yongping's news briefing conference discourse on 7.23 train crash disaster, in the hope of discussing: a) how government spokesman constructs his discursive image by using various discursive strategies, b) how to weaken the mandatoriness of information issued by government via utilizing the rules of equal information exchange. This paper attempts to offer some implicaitons for the research on the discursive image of news spokesman.

Key words: critical discourse analysis, news spokesman, discursive image

作者简介：

赵芃，女，北京大学外国语言学及应用语言学博士，天津商业大学外国语学院副教授，硕士生导师。研究方向：话语研究、社会语言学、语用学。

张穆瑶，女，天津商业大学外国语学院研究生。研究方向：话语研究。

《话语研究论丛》第一辑
2015 年
第 60-72 页
南开大学出版社

论 文

话语、身份建构与中国东盟关系

——《人民日报》与《海峡时报》新闻标题对比分析*

◎ 尤泽顺　　福建师范大学外国语学院

摘　要　本文以中国东盟关系的话语建构为例，把语言学研究领域的批评话语分析研究（CDA）和后现代国际关系理论及建构主义理论的相关视角相结合，对《人民日报》（海外版，2000—2008）和《海峡时报》（2000－2008）与中国东盟关系相关的新闻标题进行对比分析，以此揭示话语、身份建构与中国东盟关系的互动。分析发现，近年来中国东盟双边关系的改善与双方报纸增加彼此正面身份的建构存在正相关关系；后现代国际关系和建构主义理论主张的"国家身份是建构的和变化的"观点是合理的；CDA 能为国际关系领域的语言研究提供其所急需的话语分析工具。

关键词　中国东盟关系；CDA；新闻标题；身份

1. 引言

近年来，部分国际关系研究者开始关注话语与现实中国家间关系的辩证关系，认为话语分析可以揭示和预测国家间关系的最新变化和未来发展，在研究具体国际关系问题时应对语言的建构作用进行更深层次的理论思考和实践探索。本文把语言学研究领域的批评性语篇分析研究（CDA）与后现代国际关系理论及建构主义理论的相关视角相结合，建立一个可操作的分析框架，对《人民日报》（海外版，1992—2008）和《海峡时报》（*Strait*

---

* 通讯作者：尤泽顺
　联系地址：福建省福州市（350007）福建师范大学外国语学院
　电子邮件：youzsh@fjnu.edu.cn

Times, 2000—2008）与中国东盟关系相关的新闻标题进行对比分析，揭示话语、身份建构和中国东盟关系的互动。

2. 语言与身份建构：国际关系研究和批评性语篇分析研究

建构主义和后现代国际关系理论认为，语言不仅反映社会现实，而且建构和重构社会现实；理解社会行为（包括国家行为）必须首先理解语言（Kratochvíl, et al., 2006）；国际政治首先是语言建构的身份政治（秦亚青，2000）。不过，这些讨论更多是元理论层面上的语言和哲学解释，没有真正触及语言在实践层面上的使用（Kratochvíl, et al., 2006）；它们主要是基于个人理解和主观判断，没有太多的经验研究作为辅证，也未能提供一种系统的、具有可操作性的、高效的语言分析手段（孙吉胜，2009a）。仅有的一些微观语言研究和分析（Hansen, 2006; Milliken, 1999; 孙吉胜，2009b）比较零碎，不具系统性和有效性（孙吉胜，2009a）。

鉴于此，有学者（郑华，2005）指出应把 CDA 研究引入后现代国际关系理论研究，因为两者具有交叉性，体现在：前者希望通过分析语言揭示国家身份建构来探讨国家间关系，后者希望通过分析语言揭示身份建构和理念建构（ideological construction）来探讨现实中的权力关系（Flowerdew, 2004; Shi-xu, et al., 2005; van Dijk, 1993; Wodak, et al. 1999）。不仅如此，话语研究者事实上也已经应用这些工具研究国际关系问题（Chilton, 1985a, 1985b, 1996, 2003, 2004; Chilton & Lakoff, 1995; 郑华，2006；尤泽顺，2008；尤泽顺、陈建平，2009，尤泽顺，2011）。

实现二者真正结合最关键的是如何将相对具体的语言符号与相对抽象的国际关系联系起来，使其一方面能够表明现实中的国际关系与语言使用之间存在互动关系，另一方面又为通过分析语言揭示现实中的国际关系提供理据。换句话说，我们必须以语言社会现实及互动等为核心要素，同时考虑国际关系的相关因素，建立一个综合性的理论框架来揭示语言与社会之间的关系。我们认为这个框架可以设计如下（图1）：

它既体现了后现代国际关系和 CDA 关于"语言与社会现实互构"的观点，在国际关系与语言之间搭建一座桥梁，又包含 CDA 中"语言与社会现实如何实现互动"的相关看法，为通过话语分析揭示国家身份建构以探索国家间关系铺平道路。具体来说就是：语言与社会现实（国家间关系）存在互构关系；认知是互构关系得以实现的中介；社会语境和历史语境是话语实践和话语分析的要素。根据这一模式，我们可以首先分析中国东盟双方报纸对彼此身份的建构及其变化，然后结合社会语境和历史语境讨论话语如何建构这些身份、话语对现实中的中国—东盟关系有何影响。

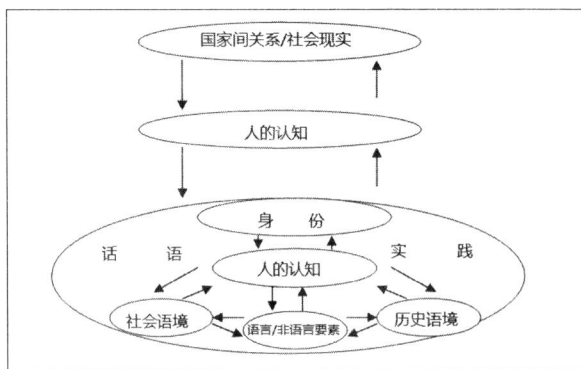

图 1 语言与社会间的关系理论框架

3. 对《人民日报》和《海峡时报》身份建构的对比分析

3.1 中国东盟关系的发展变化及其理论解释

冷战期间，由于意识形态分歧等原因，中国与东盟关系发展并不顺利。冷战后，双边关系不断改善。1991 年 7 月，双方首次进行正式接触，并建立对话关系。此后，双方关系缓慢提升，但一直停留在"全面对话伙伴关系"上，没有更多实质性的进展（王玉柱，2003）。1997～1998 年全球性金融危机爆发后，双方关系得到迅猛发展。

那么双方关系为什么在 1997 年之前和之后区别这么大呢？根据建构主义的论点，这是由双方在不同时期为对方建构不同身份造成的。国家作为一种行为体具有自己的身份和利益，但是，"国际体系中涉及的有意义的国家属性是由国家之间的相互社会关系建构的"（温特，2000：305），因为行为体的"行为选择内容不仅仅是使手段符合目的"，它还会"指称和再造身份，即对他们的身份进行表述，这种身份又确定了行为体的利益，根据这样的利益，行为体选择了自己的行为方式"（同上：455）。也就是说，冷战后，双方相互建构的身份可能主要是正面或至少是中性的，而 1998 年后构建的身份比之前的会更加正面。

3.2 语料和分析内容

分析的语料是 2000～2008 年《人民日报》和《海峡时报》与中国东盟关系有关的新闻标题。选择前者是因为它通常被认为是传递中国政府信息的官方报纸，选择后者是因为它是新加坡的主流媒体，经常讨论政府在各种重要议题上的观点。将语料局限在 2000～2008 年是因为在那段时间，中国东盟之间的友好关系达到前所未有的程度，语料分析能更清楚揭示身份构建与双边关系发展的互动状况。所有标题都是通过输入"中国""东盟""关系"三个关键词对两份报纸数据库进行全文搜索、提取并经过核对后选定的。最终《人民日报》和《海峡时报》分别获得 779 个和 151 个标题。

选择新闻标题进行研究是因为从语义上来说，标题"概括了报道中的最重要信息，并指引作者抓住文章主要内容"（van Dijk, 1991: 50）；从认知来说，标题为记者的新闻报道和读者的新闻阅读提供了认知框架，为读者在思维层面上重构相关事件提供最高层次的基础，并诱发那些储存在读者记忆中、理解新闻必需的相关知识；从语用来说，新闻标题具有意识形态功能，因为其语法的不完整性导致了语义模糊或模棱两可，"帮助行为者掩盖自己的责任，使读者的理解过程发生偏差"（同上：51）。就中国东盟关系而言，新闻标题传递报道中最重要的信息，显示双方报纸为彼此构建了哪些身份。分析将采用定性为主、定量为辅的方式，分析过程包括费尔克拉夫提出的描述、阐释和解释（Fairclough, 1989）三个环节，前两个步骤用于分析报道为双方构建了哪些身份，后一个步骤用于解释它们怎么构建、为什么这样构建及对现实中的国际关系有何影响。

3.3 双方的多种身份

3.3.1 朋友

如果我们把"会见"和"接见"等看成朋友间的一种见面方式，则双方被赋予最多的身份是"朋友"，包括三种：官方朋友；非官方朋友；其他不甚明确的朋友。第一种通常以"X 会见/接见 Y"的形式出现，其中 X 和 Y 分别代表双方的领导人或高级官员。第二类朋友出现的频率不是很高，其建构特点是标题中使用"民间"二字，表明他们没有太多官方背景。第三类朋友是指不能明确分为官方或非官方的情况，它的建构方式比较模糊，但使用了"友谊""友好"等相关词汇。

身份	标题	报纸
官方朋友	胡锦涛分别会见越南、柬埔寨、缅甸领导人	《人民日报》
	钱其琛会见东盟秘书长	《人民日报》
	泰国总理会见钱其琛	《人民日报》
	George Yeo meets Chinese Foreign Minster	*Strait Times*
非官方朋友	妇女民间外交好戏连台	《人民日报》
	好朋友、老朋友（中国东盟[民间]友好之旅）	《人民日报》
其他	尊重·友谊·合作	《人民日报》
	亲密友好，始终如一	《人民日报》
	增进友谊，促进合作	《人民日报》

3.3.2 对话者/交流者

如果把"讨论""会谈"和"交流"等看成双方的一种对话方式，则第二种身份可称为"对话者"，包括四种类型：官方的；学术的；非官方的；其他。第一类主要以"X 与 Y 会谈"的形式出现，其中 X 和 Y 分别代表双方的领导人或高级官员。第二类对话者往往通过强调来自双方的学者参加一个与中国或东盟相关或与两者都相关的学术会议来构建。第三类与第二类的构建方式相似，但标题中会强调民间或非政府等内容，或者有时也用其他方式表达。第四类的构建方式很灵活或很模糊，往往难以做出明确区分。

身份	标题	报纸
官方对话者	温家宝与泰国总理沙马举行会谈	《人民日报》
	朱镕基同马哈蒂尔会谈	《人民日报》
	中泰两国外长举行会谈	《人民日报》
	S'pore, China talk bilateral trade and economic ties	*Strait Times*
学术对话者	中外学者研讨东盟发展前景	《人民日报》
	中国与东盟海上执法合作研讨会召开	《人民日报》
	中国与东盟媒体合作研讨会在京举行	《人民日报》
非官方对话者	第三届中国东盟民间友好组织大会落幕	《人民日报》
	增加民间交流，促进国际合作	《人民日报》
	中国东盟文艺会演在吴哥举行	《人民日报》
其他	加强交流，互利共赢	《人民日报》
	交流·合作·发展	《人民日报》
	注重经济信息沟通	《人民日报》

3.3.3 合作者

第三种身份是"合作者"，愿意或正在与另一方就各种事务开展合作。标题有时直接指出合作的两方，有时通过比较隐晦或间接的方式来表达，但其中都包含着合作的含义。

身份	标题	报纸
合作者	印尼积极致力于发展对华合作	《人民日报》
	中老友好合作成果喜人	《人民日报》
	China, Indonesia forging strategic partnership	*Strait Times*
	China S'pore reaffirm ties, cooperation	*Strait Times*
	共担新使命，携手绘蓝图	《人民日报》
	共架合作之桥	《人民日报》
	泛北部湾经济合作交通先行	《人民日报》
	合力做好北部湾这一篇文章	《人民日报》

3.3.4 国际政治组织

第四种身份是"组织"，这是双方最基本的身份，即中国这一国家组织和东盟这一由12个东南亚国家组成的、代表成员国与其他国家开展外交关系的组织，这也是双方在国际关系领域被普遍接受的身份。

身份	标题	报纸
国际政治组织	东盟加快一体化进程	《人民日报》
	东盟以及东盟中国关系的发展	《人民日报》
	中国东盟博览会准备就绪	《人民日报》
	东盟国家经济发展特点及趋势	《人民日报》
	S'pore, China plan high-level visit	*Strait Times*
	Sino-Singapore ties right on track	*Strait Times*

3.3.5 客人、邻居、亲戚、受益者、同舟共济者等

除了上述包含更多外交含义的身份外，双方还被赋予其他身份。其中之一是"客人"，与之相关的新闻标题往往含有"客人"和/或"主人"等词。其二是"邻居"，与之相关的标题通常含有"邻居"或"邻国"等。其三是"亲戚"，与之相关的标题通常含有"家""亲戚""血缘"等词。其四是"受益者"，与之相关的标题往往强调一方带给另一方好处。其五是"同舟共济者"，强调双方面临同样的困难或潜在危险，必须联手解决问题。它与合作者的区别在于前者强调这是唯一的选择，如果拒绝合作，双方必然一起受损，即双方你中有我、我中有你、密不可分。其六是"扩张者"，即随时准备扩张自己权力和势力范围，与之相关的标题通常包含"扩张者"或"霸权主义"等词汇，《海峡时报》有时会赋予中国这一身份，但《人民日报》从未赋予东盟同样的身份。其七是"潜在对手或威胁者"，同样的，只有中国被赋予这一身份。其八是"施惠者"，东盟有时会这样描述中国，但中国从未这样描述东盟，可能中国认为自己施予的比获得的要来得多。最后一种属于"未知身份"，从标题中无法得知明确的身份指向。

身份	标题	报纸
客人	胡锦涛会见泰国客人	《人民日报》
	新加坡议长欢宴李瑞环，宾主双方赞两国友好关系不断发展	《人民日报》
邻居/邻国	好邻居好朋友好伙伴	《人民日报》
	中国是东盟的好邻居——访马来西亚外长巴达维	《人民日报》
	东盟睦邻友好是中国基本国策	《人民日报》
	China keeps up effort to win over its neighbors	*Strait Times*
	… China signals to wary neighbors that it seeks close ties	*Strait Times*
亲戚	泰国通讯：中泰一家亲——记李瑞环主席访问泰国	《人民日报》
	亲戚越走越近	《人民日报》
	感受中泰亲情	《人民日报》
	ASEAN is like family, says Chinese ambassador	*Strait Times*

续表

身份	标题	报纸
受益者	中国发展，东盟受益	《人民日报》
	中国给东盟带来机遇	《人民日报》
	中国：东南亚经济的"领跑者"	《人民日报》
	China gains big in FTA deal with ASEAN	*Strait Times*
同舟共济者	通力合作，共度时艰	《人民日报》
	同舟共济，互利共赢	《人民日报》
	协力应对新挑战	《人民日报》
扩张者	ASEAN does not want an expansionist, hegemonic China	*Strait Times*
潜在对手/威胁者	Rising demand for oil to churn up South China Sea	*Strait Times*
	The gorilla (China) in the living room	*Strait Times*
施惠者	China's market ripe for ASEAN to pick	*Strait Times*
	China can help in ASEAN economic integration	*Strait Times*
未知身份	边搭台子边唱戏	《人民日报》
	Pact gives culture a boost	*Strait Times*

3.4 各种身份的频率分布及其意义

上述各种不同身份出现的频率大致分布如下（其中有些标题包含了不止一种身份，因此最终统计次数超过标题的总数）。

表1 各种身份出现的频率

身份		朋友			对话者				合作者/伙伴	组织	客人	邻居	亲戚	受益者	同舟共济者	扩张者	潜在对手	施惠者	未知身份
		官方	非官方	其他	官方	学术	非官方	其他											
东盟	886	249	2	4	145	9	9	4	139	132	2	13	6	7	5	0	0	0	160
《人民日报》	100%	28.3	0.2	0.5	16	1	1	0.5	16	78	0.2	1.5	0.6	0.7	0.5	0	0	0	18
中国	158	3	0	0	4	0	0	0	17	78	0	2	1	3	0	1	13	11	24
《海峡时报》	100%	2	0	0	2.5	0	0	0	10.7	49.3	0	1.2	0.6	2	0	0.6	8.2	7	15

可以看到双方被赋予至少13种身份，其中《人民日报》赋予东盟身份较多的是"（官方）朋友"（28%）、"（官方）对话者"（16%）、"合作者"（16%）和"组织机构"（15%），

而《海峡时报》赋予中国身份较多的是"组织"（49.3%）、"（官方）对话者"（25%）、"合作者"（10.7%）、"潜在对手"（8%）和"施惠者"（7%）；《人民日报》还将东盟描述为"非官方朋友""非官方对话者""学术对话者""客人"和"同舟共济者"，但《海峡时报》从未如此描述中国；《人民日报》赋予东盟的基本上都包含正面或至少是中性含义的身份，而《海峡时报》赋予中国的既有正面的也有负面的身份，不过，正面的远多于负面的。双方被赋予多种身份说明后现代国际关系和建构主义理论关于国家身份和利益不是给定的，而是建构的观点具有合理性。其次，双方更多被构建为"（官方）朋友""对话者""合作者""组织结构"和"潜在对手"等说明双方报纸在构建彼此身份时主要还是从国际关系的角度来进行，因为这些词汇是一般国际关系论著经常使用的。再次，双方为对方构建的身份是正面还是负面的与国家间关系是否出现改善在某种程度上的确存在密切关系。第四，双方把彼此看作"合作者"表明，双方都认识到应开展实际合作，不能仅停留在纸上谈兵。最后，《人民日报》只为东盟构建正面或中性身份，而《海峡时报》还为中国构建"扩张者"和"潜在对手"等负面身份，这一事实表明双方对彼此的认识还存在差异：中国对发展与东盟的关系感到放心和满意，东盟则对中国的意图持一定的怀疑态度，双方的互信关系还没有完全建立起来。

4. 讨论

如上所述，双方被赋予多种身份，其中某些身份在国际关系领域很少论及。那么为什么会出现这些身份？它们又是如何建构起来的呢？我认为，这是因为双方报纸在讨论中国—东盟关系的话语实践中不仅使用了国际关系话语，而且融入了中国和东盟特定的社会和历史话语，即运用了费尔克拉夫所说的话语混杂（hybridization of discourse）（Fairclough, 1992: 222, 2003: 218）。具体来说就是，"朋友""对话者""组织结构""合作者"和"潜在对手"等的建构主要与外交领域和国际关系领域的流行话语紧密相关，包含更多外交上的含义。"亲戚""客人"等的建构与中国及许多东盟国家文化传统对儒家思想的推崇相关，因为儒家思想认为，"家庭是所有社会关系的原型"，即"就像一颗石子扔进水里所激起的漪澜不断向外扩展一样，人们在家庭关系中习得的各种品性构成了其社会行为的核心，指导其在不断向外扩展的社会关系中如何正确行事。与此类似，这些协调家庭关系的品性被进一步延伸到整个乡镇组织或国家，指导其内部行为"（Lastig & Koester, 1996: 145），国家间关系被理解为亲戚关系或宾主关系。"邻居"的构建主要与中国东盟相毗邻这样的地理特征话语相关。受益者和施惠者的构建与古代中国"天下观"密切相关，即中国是世界的中心，是"施惠者"，其他国家是"受惠者"（何新华，2006），同时与当前中国经济良好发展态势相关，是一种中国历史话语的当下重构，这也是为什么《人民日报》和《海峡时报》都有此类身份建构。而"同舟共济者"的构建则与中国东盟国家目前共同面临的严酷社会现实和潜在危险等社会语境密不可分。此外，东盟身份大多被赋予正面含义也与中国文化强调的"己所不欲，勿施于人"（Lastig & Koester, 1996：146）的传统价值观相关，即如果中国希望自己被东盟视为（亲密）朋友，它首先得把对方视为自己的朋友。最后，中国被视为"扩张者"和"潜在威胁"是因为中国在历史上曾经对东盟地区的许多国家具有强大的影响力甚至支配力，对此历史话语记忆犹新的东盟各国显然无法在短时间内完全消除此类担忧和恐惧，这同时也表明，双方在随后的时间里尽管在多数重大问题上会保持友好和合作关系，但在个别问题上存在分歧甚至摩擦在所难免，而近年来中国和菲律宾及越南在南海问题上的争论就是明证之一。总之，双方不同身份的构建不是全新的东西，是中国东盟社会历史话语的延续，是其与当前国际关系主流话语相混杂的产物。

那么，身份建构又是如何与现实中的国际关系互动的呢？建构主义国际关系理论认为，这种互动是通过"反射评价"机制来完成的，即如果我们对待他者时"不仅考虑到他们的个人安全，而且还'关心'他们，即便在没有狭隘私利的情况下也愿意帮助他们，我们就有可能造就出朋友"（温特，2000: 428）。也就是说，如果双方赋予彼此正面含义的身份，它也很可能被对方赋予正面含义的身份，这样它就可能造就一个"朋友"。这种解释具有合理性，问题是一方的"好心"怎么才能为另一方所理解呢？如何才能了解对方的真实态度呢？这可以从"话语—认知—社会现实"这一机制的运作得到解答。具体来说，双方希望发展彼此友好关系，它们在各自报纸中用语言描述了双边关系的改善，赋予彼此正面积极的身份。这些信息通过话语为那些对国家间关系了解不多、主要靠新闻报道获取信息的普通人所阅读，他们逐渐把这些描述当作一种"社会事实"来理解，进而推动或支持本国政府采取积极措施加强双边关系。对于那些了解并能影响双边关系的高级官员，他们可以从报道话语中领会对方改善双边关系的意图，作为回应，他们也会采取相应的友好政策。一旦这种"友好"思想在中国和东盟成为一般化的看法（conventionalized），它实际上变成了双方共享的理念（ideology），必将促使双方进一步采取友好的集体行动，因为"达到这样相互认同程度的国家更趋于依照法治原则解决争端，在受到外部威胁时，更愿意通过实行集体安全等方式来保护自己。这就是一种合力现象，其基础是'大家为一人、一人为大家'"（温特，2000: 136）。在现实中，双方的关系得到了改善，话语和社会现实也实现了互构。

分析再次表明，后现代国际关系和建构主义理论主张的"国家身份不是给定的，而是建构的和变化的"观点是合理的。国际关系学者应改变过去那种只关注国家利益的"给定"特性，更加注重研究国家利益和国家身份的建构特性以及语言在建构中的作用。分析还表明，CDA 可以为后现代国际关系提供其急需的语言分析工具，它应该被纳入后现代国际关系的话语分析框架内。

5. 结论

运用 CDA 对《人民日报》和《海峡时报》新闻标题进行分析发现，双方新闻报道为彼此构建了多种不同身份。最近中国东盟双边关系的改变与这些正面含义的身份构建存在正相关关系。身份的构建主要是通过国际关系主流话语与中国东盟社会历史话语的混杂来实现的，它通过人的认知参与塑造现实中的国家间关系，同时又受到国家间关系的影响。研究再次表明后现代国际关系和建构主义理论主张的"国家身份不是给定的，而是建构的和变化的"观点是合理的，国际关系学界必须更多研究语言，而 CDA 能提供其所急需的话语分析工具。

参考文献：

Chilton, P. (eds.). 1985a. *Language and the Nuclear Arms Debate*. London: Pinter.

Chilton, P. 1985b. Words, discourse and metaphors: The meanings of Deter, Deterrent and Deterrence. In P. Chilton (eds.). *Language and the Nuclear Arms Debate*. London: Pinter. 103-127.

Chilton, P. 1996. *Security Metaphors: Cold War Discourse from Containment to Common House*. New York: Peter Lang.

Chilton, P. 2003. Deixis and distance: President Clinton's justification of intervention in Kosovo. In Mirjana N. Dedaic & Daniel N. Nelson (eds.). *At War with Words*. NY: Nouton de Grayter. 95-126.

Chilton, P. 2004. *Analyzing Political Discourse: Theory and Practice*. London: Routledge.

Chilton, P. & Lakoff, G. 1995. Foreign policy by metaphor. In Christina Schäffner and Anita Wenden (eds.). *Language and Peace*. Asdershot: Dartmouth. 37-59.

Crowley, D. & D. Mitchell (eds.). 1993. *Communication Theory Today*. Oxford: Pergamon Press.

Dedaic, M. N. & D. N. Nelson (eds.). 2003. *At War with Words*. NY: Nouton de Grayter.

Fairclough, N. 1989. *Language and Power*. London: Longman.

Fairclough, N. 1992. *Discourse and Social Change*. Cambridge: Polity Press.

Fairclough, N. 2003. *Analyzing Discourse: Textual Analysis for Social Research*. London: Routledge.

Flowerdew, J. 2004. Identity politics and Hong Kong's return to Chinese sovereignty: Analyzing the discourse of Hong Kong's first Chief Executive. *Journal of Pragmatics*, 36: 1551-1578.

Hansen, L. 2006. *Security as Discourse: Discourse Analysis and the Bosnian War*. Abingdon: Routledge.

Kratochvíl, P., P. Cibulková, & V. Beneš. 2006. Foreign policy, rhetorical action and the idea of otherness: The Czech Republic and Russia. *Communist and Post-Communist Studies*, 39: 497-511.

Lastig, M. W. & J. Koester. 1996. *Intercultural Competence: Interpersonal Communication across Cultures*. USA: HarperCollins College Publishers.

Milliken, J. 1999. The study of discourse in interpretational relations: A critique of research and methods. *European Journal of International Relations*,15(12): 1225-1254.

Schäffner, C. and A. Wenden (eds.). 1995. *Language and Peace*. Asdershot: Dartmouth.

Shi-Xu, M. Kienpointner & J. Servaes. 2005. *Read the Cultural Other: Forms of Otherness in the Discourses of Hong Kong's Decolonization*. Berlin: Mouton de Gruyter.

Solomos, J. & J. Wrench (eds.). 1993. *Racism and Migration in Western Europe*. Oxford: Berg.

van Dijk, Teun. 1991. *Racism and the Press*. London: Routledge.

van Dijk, Teun. 1993. Denying racism: Elite discourse and racism. In J. Solomos & J. Wrench (eds.). *Racism and Migration in Western Europe*. Oxford: Berg. 179-193.

Wodak, R., De Cilla，R., Reisigl, M., & Liebhart, K. 1999. *The Discursive Construction of National Identity*. Trans. by Angelika Hirsch & Richard Mitten. Edinburgh University Press Ltd.

Zheng, Hua. 2005. Discourse analysis and international relations: The influence of Foucauldian "Discourse" upon postmodern international theory. *Journal of Modern International Relations* (China), 2005, (4), 56-62. [In Chinese]

Zheng, Hua. 2006. An interpretation of Bush's China trip in 2005: Adiscourse analysis of three news conferences hosted by the US. *International Forum* (China), 8(2), 26-32. [In Chinese]

何新华，2006，试析古代中国的天下观，《东南亚研究》，第 2 期，50-55 页。

秦亚青，2000，国际政治的社会理论译者前言。载亚历山大·温特著，秦亚青译，《国际政治的社会理论》，上海：世纪出版集团。

孙吉胜，2009a，国际关系中的语言研究：回顾与展望，《外交评论》，第 1 期，70-85 页。

孙吉胜，2009b，国际关系中语言与意义的建构：伊拉克战争解析，《世界经济与政治》，第 5 期，43-55 页。

温特著，秦亚青译，2000，《国际政治的社会理论》。上海：世纪出版集团。

尤泽顺，2008，文明冲突论：一种被重构的历史话语。《外国语言文学》，25（4）：247-254 页。

尤泽顺、陈建平，2009，话语秩序与对外政策构建：对政府工作报告的词汇分析，《广东外语外贸大学学报》，2（2）：44-49 页。

尤泽顺，2011，话语、身份建构与中国东盟关系：《人民日报》新闻标题分析，《东南学术》，第 5 期，240-248 页。

郑华，2005，话语分析与国际关系：福柯话语观对后现代国际关系的影响，《现代国际关系》，第 4 期，56-62 页。

郑华，2006，从话语分析角度看布什访华：从美方的三次记者招待会谈起，《国际论坛》，8（2）：26-32 页。

Discourse, Identity Construction and China-ASEAN Relations:
A Contrastive Analysis of News Headlines from *People's Daily* and *Strait Times*

You Zeshun, Fujian Normal University

Abstract: The article carries out a contrastive critical discourse analysis (CDA) of the news headlines selected from *People's Daily* (international version, 2000-2008) and *Strait Times* (2000-2008) so as to reveal the interaction between discourse, identity construction and China-ASEAN relations. The analysis shows that: 1) Both sides construct more than one identity for each other; 2) The recent improvement of China-ASEAN relations is positively relevant to the increasing construction by Chinese and ASEAN (Singaporean) newspapers of each other's positive identities; 3) The postmodernist and constructivist view that "national identity is constructed and dynamic" is acceptable; 4) CDA can offer IR studies the tool for detailed discourse analysis of which the latter is in desperate need.

Key words: China-ASEAN relations, CDA, news headline, identity

作者简介：

尤泽顺，男，福建南安人，福建师范大学外国语学院教授、博士。研究方向：批评性语篇分析、跨文化交际学、语言与文化。

| 论 文 | 《话语研究论丛》第一辑
2015 年
第 73-86 页
南开大学出版社 |

教师评语与师生关系的构建*

◎ 陈文革　厦门理工学院外国语学院　厦门大学外文学院

摘　要　本研究以 Bernstein 的教育符码理论、Martin 和 White 的评价理论为理论基础，对两组中学教师评语进行历时对比分析，旨在揭示教师评价话语的归类和构架原则及师生关系的共变关系。研究发现：1）中国教师评语中的归类和构架均已趋向弱式，具体体现为多声介入资源的增多、显性权势标志的减少以及非正式语言的使用；2）中国师生关系正从以往不平等权势关系向民主、平等关系转变，但这种转变并不意味着机构控制的消弭，而是机构规约形式发生了改变，教育关系中的权威由显性转为隐性。通过改变教师话语中的语言，弱化教育话语的归类和构架属性，给予学生更多的协商和对话空间将有助于促进师生关系的和谐与教育的民主化。

关键词　教师评语；师生关系；符码理论；归类；构架

1. 引言

师生关系是学校最基本、最核心的人际关系，也是教育话语研究的核心问题。学者们从社会学、教育学、心理学和伦理学等角度研究师生关系（邵晓枫，2008；姚文峰、黄甫全，2012；李楠，2013；Hughes 等，2008；Spilt，2011；Gehlbach 等，2012；Baroody 等，2014；和学新、闫芳，2012；朱飞，2013 等），研究重点是课堂内师生面对面口语互动的过程，鲜有从话语角度分析教师书面评语如何构建师生关系的研究。

本研究的教师评语是一种评价话语，指的是"教师依据一定的标准和要求，通过平

---

* 通讯作者：陈文革
  联系地址：福建省厦门市（361024）厦门理工学院外国语学院
  电子邮件：wengerchen@163.com

时对学生的观察和了解，用书面语言描述的形式对学生的发展状况作出评价，是中小学教师评价学生品德时使用最为广泛的一种方法"（王景英，2005：176），也称操行评语，与学生学期成绩一起构成学生手册的主要内容。关于教师评语，以往的研究主要是从心理学或教育学角度研究教师评语对学生的影响（马艳云，2006；候丽琼，2013）。近年来，有些研究开始把教师评语作为一种文本现象，从语用学和功能语言学等视角考察评语的语用特征和人际元功能，如曾海苹和张艺琼（2007）、梁靖华和何恒幸（2009）等。然而不足的是，这些研究未能进一步揭示这些语言现象背后的权势关系。事实上，教师评语中隐藏着权力和控制因素。只有去思考和挑战这些隐藏在教育符号和文本轨迹里的话语控制权，才能从根本上发展学生的自主性（吴宗杰，2004：31）。教师评语体现着作为评价者的教师与被评价者的学生之间的权势关系。在这种关系中，教师一直是处于权威地位的，但教师如何在教学教育中运用这种权威也受到其所处的社会语境的制约。不同的教学教育类型、不同的社会语境影响着教师权威的表达方式。本研究以 Bernstein（1996、2003）的教育符码理论、Martin 和 White（2005）的评价理论为理论基础，通过对比分析两组不同时期中学教师评语的归类与构架特点，揭示教师评语如何构建师生关系以及教师权威表达方式的变化。

2. 教育符码、归类与构架

Bernstein 继承涂尔干社会分工理论和马克思主义权力与控制思想，提出了符码理论，试图通过该理论解开语言、社会与权力再制的关系。根据 Bernstein（2003：14）对符码的定义，符码是一种规约原则，选择并整合了意义、意义的体现形式以及语境，是一种意义建构的模式。换句话说，符码是隐藏在语言背后的社会原则，涉及意识形态和权力再制的问题。权势阶层通过符码编码构建意识形态，从而达到权力和控制意识的目的（Bernstein，1996：21）。符码是权力的延伸，是一种社会定位的机制，这种定位是通过文本的选择、创建、生产和变化的方式得以揭示、重构和改变的（Bernstein，2003：17）。教师评语作为教师行使的权力"技术"，旨在规训学生使其符合某种存在之道（Foucault，1977），体现了教师与学生之间的权力关系，而这种关系则通过符码得以体现和维持。不同的符码，体现了不同的社会关系（Bernstein，2003：123）。因此，通过分析不同时期教师评语的符码特点，可探析教师与学生之间权力关系的变化。

归类（classification）和构架（framing）是 Bernstein 用以分析符码的重要概念和工具（陈文革，2014）。归类指不同符码内容之间的"割裂"（insulation）程度，是范畴或类别之间的关系，即各种语境、实体、话语和实践之间疆界维持的程度。就教师评语而言，评的归类可表现在作为两个社会范畴（主体）之间的"割裂"程度，也可表现在评语作为一种语类（社会实践）与其他语类（社会实践）之间的"割裂"程度，比如教师评语可能呈现为"法庭审判式"的评语，也可能表现为师生之间非正式的口头交流。归类越呈强式，教师评语正式度越高，评语性质越浓，也就越威严，教师作为评语的执行者的社会地位明显高于其学生读者。构架是指教学过程中，教师与学生对于所传递与接受的知识，在选择、组织与时机掌握中所拥有的控制权强弱。构架规约的是符码内部的互动实践，即符码知识的传递方式。强构架意味着教师享有很大的权力去控制教育交流的形式、节奏和次序。构架越呈强式，教师对教育交流的控制权力越大，给予学生协商的空间越小。就教师评语而言，评语既可以是由教师单向做出的"裁决式"评判，也可以是学生评语、小组评语和教师评语平行并列的组合。构架的不同特点反映学校对学生行为的规范方式，它本质上是社会要求学校规范公民行为的话语形态（吴宗杰，2004：32）。

当前，我国教育改革正由知识传输向知识构建和研究性学习转变，强调提升学生学习的主体地位。那么，教师评价学生的实践是如何贯彻这些理念和原则呢？本文拟通过分析其归类和构架的特点来回答这个问题。

3. 教师评语的归类、构架与师生关系的构建

根据中国社会发展的几个时期，我们大致可以把中小学生评语分为三个发展阶段：20 世纪 60 至 80 年代，具有浓重政治色彩的训导式评语；20 世纪 80 至 90 年代后期，以第三人称"该生"开头的格式化评语；20 世纪末至今，以第二人称"你"开头的个性化评语。本文选取某中学（初中阶段）20 世纪 90 年代以"该生"开头的教师评语（以下简称传统评语），以及以"你"开头的教师评语（以下简称现代评语）。两组评语各 40 条，现代评语小句总数为 441 条（4295 字），传统评语总数为 880 条（9143 字）。教师评语通常包括学生优点描述、缺点描述和教师希望，由于"希望"部分通常是学生尚未做到的，因此可以将之与"缺点描述"放在一起。因此，教师评语的语类可分为优点描述与缺点描述两类。

3.1 教师评语的归类与师生关系的构建

首先，应该看到，不管是传统评语还是现代评语，其归类都是强式的，因为作为两大主体，教师与学生是完全"割裂"开来的，体现在教师永远是信息的发布者而学生都是被动的接受者。虽然在传统评语中，学生即"该生"多是行为过程中的施事，如"该生能履行自己在集体中应该承担的义务……"，但在这种评语中，他们成为了被评价的对象，因而失去了发声的机会。但是，相对于传统评语，现代评语的归类渐显式微，比如近年来出现了一些散文式或故事型的评语，这种"杂糅"的评语淡化了评语中自上而下

的"鉴定"色彩。现代评语的弱式归类还具体体现在以下三个方面：

1）称谓的平等性

称谓的平等性意味着教师与学生两大主体之间的疆界弱化、割裂度缩小。与传统评语大相径庭的是，现代评语对学生的称呼已由"该生"转为"你"。"该"常用于公文。吕叔湘（1993）指出"该"的两个特点：1）多用于职称之前，不大用于其他名称之前；2）只用于上级对下级或官府对庶民，没有相反的。传统评语使用"该生"，学生是作为被评价的对象，这种评语是一种高高在上、自上而下的评价，更多地使人联想到官方鉴定性、判决式的语言，其专业性或"评语性"高，即其归类为强式。而现代评语使用"你"或直呼姓名，虽然其界限依然明显，但更接近私信，或像是一场师生面对面的对话，其"评语"功能被淡化，其归类较为弱式。使用"该生"的传统教师评语因将学生"物化"，其所体现的师生关系似乎更像是一种改造与支配型的"我与它"（Buber, 1958）的关系，体现一种控制和被控制的不对称权势关系。"你"的使用，反映了学生作为另一种主体的完全崛起，凸显了教师与学生之间的平等关系。由此可以看出，现代评语的归类较传统评语已显式微，师生关系更趋向平等。

2）主体的多元化

评价主体的单一或多元化说明教师是否允许多种声音的介入，教师是否愿意与其他主体分享其评价权。与传统评语相比，现代评语允许更多的主体出场，说明其归类出现了松动。传统评语只有"该生"在场，教师赤裸裸地进行单方评鉴和操控。现代评语则出现了诸如"老师""妈妈""同学""父母"等多种主体（如例 2），实现了评价主体的多元化，其归类与传统评语相比，已呈现式微。

3）语言的正式度

教师评语归类的强弱还体现在政治词语使用和语言正式度上。语言的正式性越低，说明说话者之间的关系较为亲近，主体间的割裂度缩小。传统评语更多的是以各种"制度""规章""规范"甚至"法律"对学生进行评鉴。又由于其使用"公文"体评语，因而语言正式、威严，如例 1；而现代评语由于更像私信，使用了"家常式"的口头语言，如使用了诸如"好帮手""乖乖女""啰"等日常亲切的语言，如例 2。

例 1：该生能自觉以《中学生日常行为规范》要求自己，在校能遵守学校各项规章制度，日常行为规范方面也不断有所进步。尊敬老师，在班级中与同学融洽相处。能履行自己在集体中应该承担的义务，做好班级值日生工作……

例 2：知道吗？你是一个人见人爱的好孩子。老师喜欢你，因为你是老师的"好帮手"；妈妈喜欢你，因为你是"乖乖女"；同学喜欢你，因为你是"小雷锋"。XX（名字），如果你能重视体育活动，多参加体育锻炼，就能使文静的你增添朝气，那么你定会更加讨人喜欢啰!

从挪用(appropriate)政治话语和法律话语到生活话语,评语中的权势标志趋向隐性,说明现代教师评语的归类已显式微,教师与学生两大社会主体间的权势关系已较缓和。

可以看出,现代教师评语的归类相对传统评语而言是弱式的。教师评语归类强度的弱化倾向还体现在教师和学生两个课堂主体在评价的权力分配上。过去,教师评语通常是评价学生的唯一来源;现在,教师评语与个人评语、小组评语并重,共同组成对学生的评价。过去,教师拥有对学生的单向评价权;如今,教师评学、学生评教并行。归类强度的弱化表明了现代教师正不断降低权威、还权于学生,努力提升学生主体地位。师生两个主体间的关系较以前宽松、趋向平等。

3.2 教师评语的构架与师生关系的构建

构架体现了教育过程中师生权势关系的协商方式(Chouliaraki, 1998),因此可通过分析话语中的人际意义进行考察,揭示师生两个主体位置是如何在评价话语中被协商的。下文通过分析教师评语文本中教师在评语内容上给予学生协商空间的大小来分析其构架特点。构架越强,师生协商的空间越小。构架越弱,协商空间则越大,教师趋向当学生平等的"同伴"。

本文借用功能语言学的人际子系统、Martin & White(2005)评价理论中的介入系统来分析教师评语的构架属性。根据是否预留出对话空间,介入系统可分为单声(monogloss)和多声(heterogloss)。White(转引自 Miller, 2004: 9)认为,单声通常是纯粹、绝对的断言。作者暗示他所表述的命题是不证自明的,是既定的常识,是不容争辩的,或语篇的声音认为自己的地位或道德权威足以使他有资格排除其他观点。例如,"该生个性沉静、不爱言辞,做事认真"。这种绝对的断言不容置疑,体现了一种"居高临下"的价值判断。多声则承认存在着不同的声音,说话者觉得有必要说服读者去接受某种观点。例如,"或许你有些调皮,有些好动,也常挨批评,可其实在老师的心里,一直认为你也很不错"。使用"或许"这个多声资源体现了该命题的可协商性。根据所留对话空间的大小,多声又可分为话语拓展和话语压缩(如图 1)。前者说明说话者对于这些不同声音或立场,愿意与之协商以便为自己的观点协商出一定的人际空间。后者则对这些立场进行挑战、反对或是压制。

多声 (Heterogloss)
- 自言 (Intravocalize)
  - 压缩 Contract
    - 弃言 Disclaim
      - 否定 Deny　no, didn't, never etc
      - 意外 Counter　yet, although, but etc
    - 宣言 Proclaim
      - 赞同 Concur　of course, certainly, admittedly etc
      - 宣布 Pronounce　I contend, the truth is that, etc
      - 认可 Endorse　show, prove, demonstrate etc
  - 拓展 Expand
    - 可能性 Probability　perhaps, this may be etc
    - 表现 Appearance　It seems to me, apparently etc
    - 传闻 Hearsay　reportedly, it is said that etc
    - 义务，允许 Obligation/Permission　must, can etc
- 外言 (Extravocalize)
  - 承认 Acknowledge　according to, Halliday argues that, etc
  - 疏远 Distance　Chomsky claimed to have shown that, etc

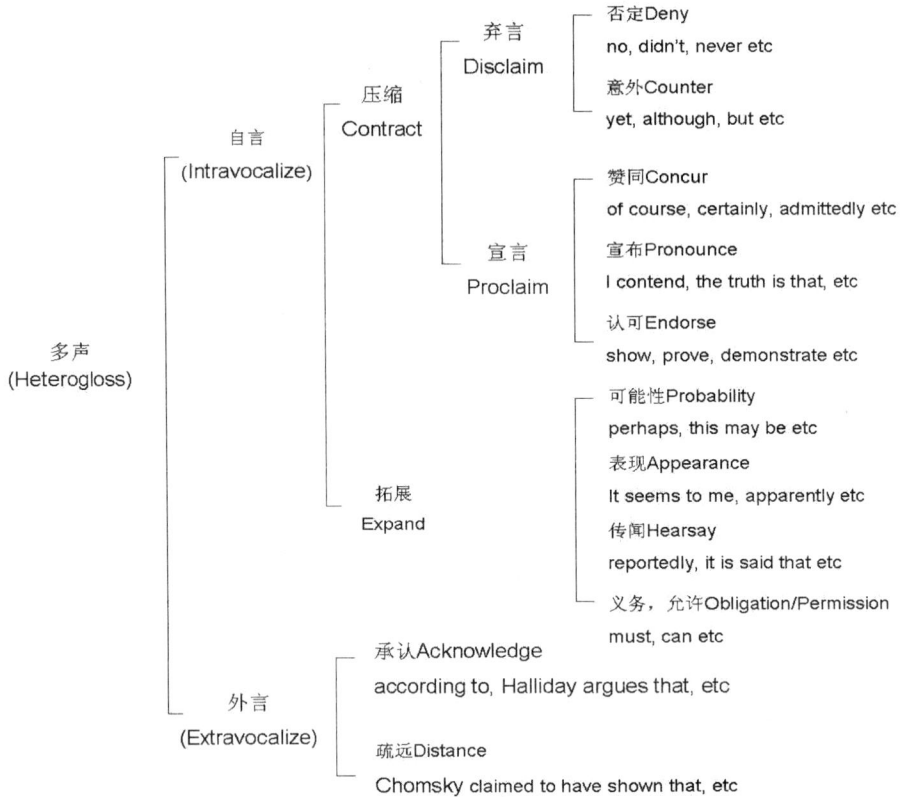

图 1　介入系统（根据 White, 1998; Martin &White, 2005）

对比这两组评语语料，尽管传统评语的小句总数是现代评语的一倍，但其使用的多声资源远远少于现代评语（如表 1 所示）：

表 1　传统和现代型教师评语中多声介入资源数量对比

评语类型	小句总数	多声介入策略的例数									总计
		话语拓展			话语压缩						
		包容	归属/承认	小计	否定	意外	宣布	认可	赞同	小计	
传统评语	880	37	0	37	9	8	0	0	0	17	54
现代评语	441	130	9	139	52	30	17	2	1	102	241

从表 1 可以看出，传统评语使用非常有限的多声资源。其话语拓展（37 例）多出现在"提出希望"的阶段，如，"今后只要继续发扬刻苦钻研精神、找到正确有效的方法，成绩会更出色"，表现形式单一。其话语压缩资源也只有 17 例，其中否定 9 例，用"但"

体现的反驳 8 例。此类例数少的原因在于这些传统评语将"缺点描述"融入在"表达希望"的阶段上，所以否定较少，而"但"也只有 9 例，是因为处于优缺点描述阶段转折点上的"但"经常省略，这也说明传统评语中"但"的衔接功能大于其人际功能。可见，单声断言几乎垄断整组传统评语。这些断言不仅出现在"优点描述"阶段，也出现在"缺点描述"阶段。断言并不是中性的意识形态，而是构建一种同盟或不平等的权势关系。就教师评语而言，断言的使用体现了一种"非对话性"和话语霸权，表明教师具有足够权力和权威对学生进行评判，其评判不可协商、无容争辩。学生作为一个主体，其声音或立场不被承认或尊重。这种传统评语所体现的是操纵和被操纵、控制和被控制的不平等权势关系，体现的是一种强式构架。

相比之下，现代评语则出现多且丰富的介入资源。尽管现代评语也使用断言，但这些断言大多出现在"优点描述"阶段，说明教师认为学生的这些优点是毋庸置疑的，是公认的。其多声资源大多出现在"缺点描述"阶段，这是因为，"缺点描述"毕竟是一种"威胁面子"的行为，教师使用多声资源，说明教师已经顾及主体之一的学生的"脸面"。从主体性立场的角度上看，教师使用多声资源，表明这只是自己个人观点的同时并承认其他观点的存在，学生作为受话者，其立场或观点不能恣意加以淹没，而是要尽量把他们争取过来。多声资源的使用表明学生作为一个主体的崛起，展现了教师愿放下身段与学生民主协商的姿态。现代评语所构建的师生关系是一种更为民主、平等的对话关系，体现的是一种弱式构架。就介入资源而言，现代评语的构架呈现弱式具体体现在以下三个方面（限于篇幅，本文主要选择几个较有代表性的例子进行具体分析）：

1）现代评语大量使用拓展性话语

拓展性话语分为包容（entertain）和归属（attribute）两种类型。包容，说明某一话语或声音只是许多可能的声音或是观点中的一个，说话者给这些不同声音以协商的空间，旨在与这些持不同观点者建立同盟。与断言相反，接纳给人的印象是说话者具有包容心，愿意与人对话协商，而不是试图把自己的观点强加给别人，体现了一种开放、民主的姿态。在现代教师评语中，包容所占比例极高，其中以疑问句为主，如：

例 3：老师惊喜地发现，以前的"小花猫"不见了，现在的你也开始讲卫生了。你瞧，即使很多同学对你有意见，但老师还是能在你身上发现优点，说明你也是个可爱的孩子。老师给你一个方法来改掉你身上的缺点好吗？那就是：认真。认真完成作业、认真听讲、认真思考，按照老师的方法去做吧！你一定会成功，老师相信、支持你。

例 4：你是个性格极其内向的孩子。你并不比别人差，只因你老是闭着嘴不说话。为什么总是那么胆小？缺乏自信，你已失掉了不少成功的机会。老师希望你以后大胆些，主动些，你会进步的，能做到吗？

例 5：古人云：书山有路勤为径，学海无涯苦作舟。你天资不错，又有求知欲，有上进心，父母也对你寄予厚望，<u>为什么不努力进取，勤奋学习，为自己开创出美好的未来呢？</u>

例 6：<u>你知道吗？</u> 人可贵的地方在于知错就改，这一点你做到了，更可贵的是持之以恒，我相信你一定会做到，甚至会做的更好。<u>你说是吗？</u>

对话性是弱式构架也是民主的一个体现。书面语中的疑问句给人一种好像读者在场的印象。"单方书面语篇中的疑问句可以看作是对话性的，因为这些问句效仿了多方参与的口头谈话的互动性话轮"（White, 2003: 267）。疑问句的对话性还体现在它具有策略性地让读者介入的能力。以例 3 为例，教师不是居高临下、下命令式地要求学生按老师的方法去做，而是以协商的口吻征询学生的认同，给学生以选择的余地，学生可以选择按老师的方法去做，也可选择放弃。而例 4～6 的一般疑问句 "能做到吗？" "你知道吗？" "你说是吗？" 均暗示了不言自明的答案，但教师不选择以断言的形式来实现，而是通过问句的形式引发学生说出答案。反问句 "为什么不努力进取，勤奋学习，为自己开创出美好的未来呢？" 是个否定句，它激活了一组对话性对立的立场，即 "要或不要努力进取"，当然 "要不要" 决定权在于学生，作为老师只是提出自己的意愿而已（尽管这也预设了教师是权威的来源）。这些疑问句大多出现在 "缺点描述" 阶段，从主体间性角度看，教师包容了其他的观点（学生可以不同意），避免了 "盖棺式" 的定论。例 3 中的 "说明"，也体现了教师倾向用论证的方式而不是武断地进行评价。相对于传统评语千篇一律地使用断言式语言（没出现一例疑问句），现代评语大量使用疑问句一方面使得本无互动特点的文本顿时具有对话的特点，拉近了教师与学生的权势距离，同时也说明了教师承认并尊重了学生作为主体的独立性。

拓展性话语还体现在 "如果……那么" 这类表对话性的条件句。这些条件句通常出现在 "提出希望" 的部分。"如果" 条件句之所以是对话性的，是因为表明 "这只是众多可能的观点之一"（White, 2003: 273）。就 "表达希望" 的功能而言，它并不强制受话者去做某件事情。以例 2 的 "XX，如果你能重视体育活动，多参加体育锻炼，就能使文静的你增添朝气，那么你定会更加讨人喜欢啰！" 为例，如果学生认为自己已经 "够讨人喜欢" 了，那他完全可以不用再去 "重视体育活动"。因此，条件句给予受话者选择的余地，体现了一种协商、民主的精神。相比之下，传统的以 "希望" 或 "要" 为主表建议的句子（如例 7），具有强制性很高的命令口吻（Iedema, 1997: 74）。对这些 "命令"，学生只有服从、执行的选择，如要拒绝则须付出很大的人际代价。

例 7：该生乖巧文静，能严格要求自己，遵守校规校纪……<u>今后要敢于向自己挑战，向成绩好得多的同学取经</u>，争取更好的成绩。

现代教师评语还使用了诸如"我想，如果……那么"句式。"我想"等投射句，在评价理论框架下，是"情态的"而非"概念性"或"信息性"的结构。从对话性的角度上看，这些语句公开地把命题建立在教师偶然、个人的主观性上，承认该命题只是众多立场之一。这种结构说明了教师努力在降低自己的权威身份，抬升学生的主体身份。

2）现代教师评语使用大量的归属拓展性话语

归属（attribute），即作者明显地把话语中的某些观点通过他者的话语显现出来。归属评价资源可用来向读者表明作者是"公正""客观"和"中立"的，因为这些声音来自文本外部而不是作者自己。在教师评语中，这些声音往往来自蕴涵通用价值观的谚语或名言。如，

例 8：古往今来，大凡出名的人哪一个不是跟"勤"字有关，大科学家爱因斯坦也曾说过，天才出于百分之九十九的汗水加百分之一的天赋，可见，成功的喜悦是辛勤的汗水浇灌出的，而懒惰的人大多一事无成……

例 5 的"古人云"和例 8 的"爱因斯坦也曾说过"等归属评价资源的使用，说明教师并不想依靠个人权威来对学生进行评判，而是依据当前公认的价值观或观点。相对于断言式陈述，使用归属资源避免了教师作为评价主体的"一言堂"，体现了一种更公正、民主的姿态。

3）现代教师评语合理使用了一些压缩性话语

压缩性话语包括否认（disclaim）和宣称（proclaim）。虽然压缩性话语压制了潜在的声音或观点，但比起彻底淹没其他声音的断言，它也体现了一种协商的精神。否认又分为否定和意外（counter），如：

例 9：你是个性格极其内向的孩子。你并不比别人差，只因你老是闭着嘴不说话。为什么总是那么胆小？缺乏自信，你已失掉了不少成功的机会。老师希望你以后大胆些，主动些，你会进步的，能做到吗？

例 10：你是一个很有主见的小男孩，老师知道你的理想是做个"伟人"。可"伟人"不是每个人都能做到的。你要实现理想，必须从小事做起，无论做什么事情都必须勤奋努力。可是，你好好想想，你都做到了吗？试试吧！老师期待着你的进步！

否定和意外的特点是，否定前面的话语，缩小对话的空间，从而帮助受话者"纠正"先前错误的观点。就例 9 而言，从话语表面上看，"你并不比别人差"是一种否定的表达，但它却纠正了其他人（包括学生自己）认为学生很差的观点。而"可'伟人'不是每个人都能做到的"在认可学生"做伟人"的理想之外，纠正学生以为"每个人都可以做伟人"的观点。这种修正比直接点明问题，并要求学生去改正，效果会更好。这些压缩性话语大部分出现在"缺点描述"阶段。教师使用否认资源可以保持与学生的结盟，同时

又可否定他们先前的观点，顺势引进自己的观点而不会得罪受话者，也体现教师愿与不同声音对话的诚心。

意外手段在传统和现代教师评语中均出现过，但在现代评语用得更多，而且使用了"虽然……但是"以及"却""可（是）"（如例 10）、"只是"等多种表达，而传统评语全部使用"但"，且更多的是处于显示"优点描述"和"缺点描述"的分界线上，其逻辑衔接功能似乎大于其人际功能。从"级差"的角度上看，"可（是）"和"只是"比"但"更趋向口语化，其语气显得较为弱化，在一定程度上降低了对学生作为一个主体的自尊心的损害。

现代评语中，意外常与认同（concur）连用，如"虽然你的成绩还不太理想，但老师发现你一直在进步……""平时，虽然你沉默寡言，但老师喜欢你那文质彬彬的模样"。这种认同—意外策略可用来降低消极评价对学生"面子"的威胁，也能体现比较人性关怀的姿态。

4. 教师评价话语与社会语境

从以上分析可以发现师生关系在不同时期的课堂的传承和变化。首先，教师处于权威地位是两者的共同点。不管是传统的教师评语还是现代教师评语，教师都是处于支配和评价的地位，教师通过符码进行隐而不显的操控来实现学校教育的控制，维持特定社会秩序和社会行为。其次，两者的差异主要体现在教师作为权威身份的强弱。可以看出，"该生"型传统评语中，多使用单声介入策略，使用的是强式归类和构架，体现了一种以"教师为中心"的立场，权力和权威依然是教师的特权。教师仍是知识的权威、言行的圭臬，其话语不能被挑战，而学生则只是"受教育"的客体，处于被规训和支配的地位。而"你"型的现代教师评语则使用了日常生活语言以及大量的介入资源，特别是拓展性资源，表明教师降低自己的权威地位，削弱自己作为学校"把关者"的规训权力，而把更多的声音、地位和权力还给学生，让学生在自我发展和评价上有自己的自主权，说明其归类和构架程度已大为减弱，教师旨在构建一种较为亲近和等位的师生关系。这种"软权力"（Barber, 1995）的使用说明了现代教师的权威和师生不平等权势关系的表达形式已呈隐性，也表明了中国教师评语已出现了 Fairclough（1992）所指出的话语的民主化：不仅学生可以接触主流话语类型（学生评教），而且教师评语中的显性权势标志也逐渐消失，语言趋向非正式。

按照 Bernstein 的教育符码理论，当归类和构架的值（value）从强式变成弱式，机构实践、话语实践、教师与学生的概念以及知识本身的概念也发生转变（Bernstein, 1996: 30）。这种改变的潜力是这种模式所固有的。"很少有教育实践不受到要求削弱构架的压力的，因为教育话语和教育实践构建的是一个竞技场，一种针对符号控制本质的斗争"
（同上）。也就是说，教师评语的归类和构架也不断地面临挑战。随着全球化、科技革命
和社会民主化趋势的不断加深，人的主体性的愈发凸显，人们追求平等的愿望日益高涨，
"以人为本"和"民主、平等、对话"观念不断挑战着过去的"唯师独尊""师道尊严"
"长幼有序"等传统价值观念，挑战着既有的教育话语的归类和构架属性。更重要的是，
这些话语的变化反过来动摇并改变了学生以及公众对课堂话语的理解和期待，并重组了
教师与学生的关系。当教师为了适应全球化和教育的产业化、民主化而更平等对待学生
时，学生和公众会期望学校和教师继续变得更包容、公平和平等。教师不能像以前一样
恣意地训斥和管理学生，而是要给予更多的尊重和更大的话语权。学生和公众的这些期
待可能会最后促使教师放弃传统的那种"高高在上、居高临下"的规训者姿态，而在话
语上和实践上以更平等、民主的方式对待学生。

5. 结语

本文以归类和构架为维度，分析了中学教师评语在两个不同历史时期的语类潜势变
化以及这种变化所体现的师生关系的共变关系。研究表明，现代教师评语已出现
Fairclough 指出的话语民主化，现代师生关系较之以往已更为平等、民主。但必须指出，
作为知识的传播者和"社会管制工程"的一环，教师依然享有相对于学生的权力。师生
之间不对称的权势关系并不是消失了，而是因为现代教师评语中使用的归类和构架使得
这种权势关系变得更加隐蔽了。Bernstein（1996）在分析符码与变化的关系时曾这样提
醒人们：如果某些（归类和构架）值正在削弱，我们应该自问哪些值依然保持强式。就
本研究而言，教师评语的归类和构架虽已呈现一定的弱化，但是教师仍然是评价的重要
主体，其意见仍极大地影响学生今后的学业甚至工作。中国的教师评语仍然含有对学生
的道德和品行评价（而这在一些西方社会里是禁止的，因为这已经超过了教师权力的范
畴）。"师道尊严"的中国传统以及固有考试招生模式也使得老师不愿意或不敢放弃所享
有的威望，学生则不敢去挑战教师的权威。这说明教师评语的归类和构架还存在较大的
弱化空间。尽管在可预见的时间里，彻底改革既有的教育模式、实现真正的师生平等并
不现实，但是改变教师话语，特别是教师语言，给予学生充分的协商和对话空间有利于
实现民主教育和促进师生关系的和谐。

当前，课程教学强调"以学生为中心"及"和谐、平等"的师生关系。为了实现这
些教学原则，教师应有意识地改变教育话语的强规约性，弱化既有的分类和构架，使用
更多的多声介入等策略，给予学生更多的协商空间，使自己的权力范围合理化，逐步建
立更为平等和谐的师生关系和更为民主的课堂互动环境。

参考文献：

Barber, B. R. 1995. *Jihad vs. McWorld*. New York: TimesBooks.

Bernstein, B. 1996. *Pedagogy, Symbolic Control and Identity: Theory, Research, Critique*. Oxford: Rowman and Littlefield.

Bernstein, B. 2003. *Class, Codes and Control: The Structuring of Pedagogic Discourse*. London: Routledge.

Baroody, A. E. 2014. The link between responsive classroom training and student-teacher relationship quality in the fifth grade: A study of fidelity of implementation. *School Psychology Review*, 43(1): 69-85.

Buber, M. 1958. *I and Thou*. Translated by R. Smith. New York: Charles Scribner Sons.

Chouliaraki, L. 1998. Regulation in "progressivist" pedagogic discourse: individualized teacher-pupil talk. *Discourse & Society*, 8 (1): 5-32.

Fairclough, N. 1992. *Discourse and Social Change*. Cambridge: Polity Press.

Foucault, M. 1977. *Discipline and Punish: The Birth of the Prison*. London: Penguin.

Hughes, J. et al. 2008. Teacher-student support, effortful engagement, and achievement: A 3-year longitudinal study. *Journal of Educational Psychology*, 100: 1-14.

Iedema, R. 1997. The language of administration: Organizing human activity in formal institutions. In F. Christie & J. R. Martin. *Genre and Institution*. London: Cassell, 73-100.

Martin, J. & P. R. R. White. 2005. *The Language of Evaluation: Appraisal in English*. NY: Palgrave Macmillan Ltd.

Miller, D. R. 2004. "… To meet our common challenge": Engagement strategies of alignment and alienation in current US international discourse. *Intercultural Discourse in Domain-specific English*, 18 (1): 1-23.

Spilt, J. L. et al. 2011. Teacher wellbeing: The importance of teacher-student relationships. *Educational Psychology Review*, 23: 457-477.

White, P. R. R. 2003. Beyond modality and hedging: A dialogic view of the language of intersubjective stance. *Text*, 23(2): 259-284.

陈文革，2014，科学教科书中意识形态及其话语建构：以初中物理和化学教科书为例，《外语与外语教学》，第 5 期，1-7 页。

梁靖华、何恒幸，2009，传统与现代两种操行评语模式的人际功能对比分析，《外语艺术教育研究》，第 3 期，28-32 页。

和学新、闫芳，2012，从师道尊严到尊重学生——伦理学视野中我国师生关系的变迁，

《河北师范大学学报（教育科学版）》，第 2 期，30-35 页。

候丽琼，2013，教师评语的效用及写法探析，《教学与管理》，第 12 期，64-66 页。

胡萍薇、陈全英，2003，教师评语对学生心理发展的影响，《宁波教育学院学报》，第 3 期，9-12 页。

李楠，2013，论师生关系的民主化，《教学与管理》，第 6 期，3-5 页。

马艳云，2006，教师评语对学生学习动机的影响，《教育科学研究》，第 7 期，47-49 页。

吕叔湘，1993，说“该”。吕叔湘，《吕叔湘文集》第五卷，北京：商务印书馆。

邵晓枫，2008，百年来中国师生关系思想史研究，重庆：西南大学博士学位论文。

王景英，2005，《教育评价法》，长春：东北师范大学出版社。

吴宗杰，2004，抑制课程自主性的控制符号——教师发展的话语权，《外语与外语教学》，第 6 期，30-34 页。

姚文峰、黄甫全，2012，异化与重构：批判教育学视野下的师生关系，《现代大学教育》，第 6 期，16-20 页。

曾海苹、张艺琼，2007，教师评语中礼貌现象的语用分析，《湖南科技学院学报》，第 3 期，192-195 页。

朱飞，2013，学校师生关系冲突的伦理解析——兼论伦理视域下师生权利关系的拓展，《伦理学研究》，第 1 期，133-136 页。

Evaluation Discourse and the Change of Teacher-Student Relationship: A Case Study of Middle School Teachers' Evaluative Remarks

Chen Wenge, Xiamen University/Xiamen University of Technology

Abstract: Drawing on Bernstein's code theory and Martin's appraisal theory, this study makes a diachronic analysis of two groups of middle school teachers' evaluative remarks in an attempt to reveal the co-variation between the evaluation discourse's principles of classification and framing and the teacher-student relationships. It is found that classification and framing in the evaluation discourse have both shifted from strong to weak as indicated by the frequent use of heteroglossic engagement resources, less use of explicit power symbols and the use of informal language. The results show the past power-based Chinese teacher-student relationship has been replaced by a solidarity-based one. However, such a replacement doesn't mean the disappearance of institutional control but that the form of institutional regulation has been altered, concealing the authority inherent in the pedagogic relationship. To change the language of pedagogic discourses and weaken their classification and framing will contribute to a more harmonious teacher-student relationship and democratic education.

Key words: teachers' evaluative remarks, classification, framing, teacher-student relationship

作者简介：

陈文革，男，福建南安人，博士生，厦门理工学院外国语学院副教授。研究方向：话语分析、双语词典研究、文化语义学。

《话语研究论丛》第一辑
2015 年
第 87-102 页
南开大学出版社

访 谈

Issues in Critical Discourse Analysis： An Interview with Professor Paul Chilton·

◎ 武建国　　华南理工大学外国语学院
◎ 钟　红　　广东外语外贸大学英文学院

Abstract: This article presents an interview with Dr. Paul Chilton, Emeritus Professor in linguistics at the University of Lancaster, UK. His main research interests include cognitive linguistics and the socially engaged analysis of discourse (especially Critical Discourse Analysis, CDA for short). In this interview, Professor Chilton enlightens us on the issues of CDA, including its basic tenets, historical origin, theoretical bases, research methods, future directions, and so on.

Key words: critical discourse analysis (CDA), Paul Chilton, interview

Question 1

Wu: *Paul, it is universally acknowledged that you are a leading scholar in the field of cognitive linguistics and critical discourse analysis. I'm really interested in your academic path from cognitive linguistics to CDA. What motivated you to do interdisciplinary research on cognitive linguistics with CDA?*

Chilton: Thank you for your question and your kind remarks. I would like to say a few things in response. First, I am not really a leading scholar in the field of cognitive linguistics.

· 通讯作者: 武建国
联系地址: 广东省广州市（510641）天河区五山路 381 号，华南理工大学外国语学院
电子邮件: fljgwu@scut.edu.cn。

But it is true that I use cognitive linguistics or certain parts of it because it is a fairly diverse field. I have used cognitive linguistics, particularly conceptual metaphor theory, in studying discourse. I'm still hoping to make a research contribution to cognitive linguistics. And I'm currently finishing a book to be published by Cambridge University Press, hopefully by the end of next year. It is an innovative theory based on cognitive linguistics but using principles drawn from geometrical reasoning. And the justification for that is, basically, that one of the insights of cognitive linguistics is that language draws on areas of cognitive functioning that are not specifically dedicated to language itself. And one of the most fundamental of these cognitive functions is the ability of the brain to navigate around space. So, spatial cognition is crucial. We know from metaphor theory that many metaphors draw on concepts of space and movement in space. So it seems to me logical to develop the formalism of geometry which is precisely about space. So I am using the simple ideas from geometry, but treating them in a metaphorical way. I believe this will give us some insights into some of the crucial aspects of language. So that's just a little bit about my current cognitive research. But I don't consider myself in anyway a leader in cognitive linguistics, except possibly in the application, but not in the development. I am not making much contribution to the development of theory and metaphor theory, or so far in cognitive grammar, for example, but I think maybe my new book will be an original contribution.

So, turning to the second part of your question, you refer to my academic path from cognitive linguistics to CDA. I think my personal academic story is a bit different from that. The starting point of my path is really an interest in foreign languages and foreign literature within Europe. I studied French, German, and literature. My PhD was studying a particular set of poems in French from an earlier period, from the 16th century, a very important turning point in European culture, by the way. My methods of approach at that time were, I suppose, what I would describe as stylistics, because I was concerned with how the poetry I was studying was constructed and how it produced the mental and emotional responses I think people experience when they read it. When I was doing that research, I became interested in metaphor and the theory of metaphor which was then available, and this was just a little bit before cognitive linguistics was developed. So I studied metaphor at a quite early point, as well as other aspects of linguistics and linguistically based stylistics. Later, I explored, and applied, conceptual metaphor theory within cognitive linguistics. I realized my earlier analysis of metaphor in poetry was very similar in some aspects. It just happened to be similar. Ok, so I focused on language, the use of language in literature, and I was interested in the relationship between the structure of language in literary text and the relation of non-literary text to the historical situation in which it was produced.

In some respects, there are similarities with the work in CDA which I went on to develop later. There are two elements really from the literary stylistics which were focused on the details of linguistic structure—the working of texts on the mind, and the relationship of texts to the social and political environment. I just became tired of studying literature and turned my attention to various events taking place in European and international politics, and started to ask myself what role language, or rather the *use* of language, was playing in these events. I am talking about the later period of the Cold War, from around 1980. At the same time I became interested in two different strands of theory—one was linguistic theory, particularly cognitive linguistics, which fitted well with my earlier work on metaphor, and the other was the study of social discourse and political discourse as developed in the social sciences. I have two different paths, if you like. One is as a linguistic theorist; the other is as a committed citizen, trying to make sense of what is going on in the world, by analyzing the language people are using. And here is the connection with CDA. In late 1970s, several linguists, particularly a group in the University of East Anglia, had begun to talk about the need for linguists to have a social commitment. I think nowadays I prefer to use the term ethical commitment as I described in my talk yesterday. So that's the academic path I followed. It starts with studying literature in the past and ends up looking at theoretical issues on the one hand, and their applications to social and political discourse on the other.

Zhong: *What attracts you to switch to that area? Social discourse or public discourse?*

Chilton: I suppose it was a set of events in Europe in the early 1980s. There was a crisis about the deployment of nuclear weapons in Europe. Along with other people on the left of politics in Europe and in the UK, I was apposed to the positioning of nuclear weapons by the Americans in Europe. My perspective was not just on the UK, but Europe as a whole. And I worked together with similar activists in demonstrations, protests, writing articles, journalism, and so forth. This is the way I really became involved in critical discourse analysis. The question was how it was possible that people could accept this imposition and proliferation of destructive nuclear power.

Question 2

Wu: *What would you say is your particular contribution to critical discourse analysis?*

Chilton: My particular contribution to critical discourse analysis? That's difficult to say. The first point I want to make is that I actually never used the label "critical discourse analysis" to describe my own work. I always tended to be a little bit distant from that group, because I don't like labels. And I don't like schools of thought. There is a risk that scholars who follow a line simply repeat the same ideas. So I always felt that I wanted to be an independent individual, original scholar. I also felt that there is something slightly strange about being involved in an activity which was motivated by social and ethical concerns and then building a career on it. I wasn't comfortable with that combination. And I felt I should have purely professional intellectual concerns and act at the same time as a responsible citizen. I think everybody has that responsibility actually, and I do think that academics can play a very important role, but that's not the whole purpose of being an intellectual. The purpose of being an intellectual is to think and explore new ideas and test them.

Zhong: *I noticed your entry to the encyclopedia about the view of CDA. I think you built up some links between previous people and the problems at the moment when you wrote that entry for the encyclopedia. … In the year 2010 you emailed me that entry, which would go into the encyclopedia. The title of that entry was "critical discourse analysis." You reviewed the previous work in this area, CDA. So, that means you have done some contribution to critical discourse analysis. To me, your contribution is that you are ready to identify the gaps between A and B and C...*

Chilton: I suppose I take a fairly critical perspective in regard to critical discourse analysis. I am not the only person who has done that. And the key leaders in critical discourse analysis also do their self-criticism. I know that leading scholars in CDA like my friends Ruth Wodak, Teun van Dijk, and Norman Fairclough, they change their own theories in the development of their ideas about CDA. So, I am not doing anything special. I suppose if I made any contribution to CDA, one perhaps is in terms of the sorts of topics that I focus on, the kind of things about which I do critique. And these have been predominantly to do with international relations. So, my 1996 book, *Security Metaphors*, focused on the Cold War, international relations theory, and the confrontation between the Soviet Union and the western world. That's a kind of topic that's not central in mainstream CDA, where the concerns are often more domestic, particularly with racism, and for very good reasons that have to do in large part with the history of Europe, and what happened to the Jews in central Europe, in Germany in the 1930s and 1940s. A number of scholars, especially someone like Ruth Wodak, are very strongly motivated by this history, and for all of us in the immediate post-war generation, we hoped to ensure that anti-Semitism never happened again in Europe. I do my own studies on racist discourse, too, but my focus was always a bit more international, to do with east-west relations. Of course, in the Cold War period we thought of east-west relations in terms of Soviet Union and the United States. Now we think of east-western relations in a much broader way. So if I have a contribution that's distinctive in my critical discourse work, it is has to do, at least I hope so with the international scope of the topics and the problem of international conflict. There is perhaps one other way in which my work is possibly distinctive, and this may be one of the things you are thinking about—the kind of linguistics that I have applied. I have always had a cognitive perspective. I always use cognitive linguistics. And others often use different theories or no theory at all.

Question 3

Wu: *While talking about the analytical frameworks of CDA, Blommaert (2005: 21) said, "The leading scholars are usually seen as the quartet of Norman Fairclough, Ruth Wodak, Teun van Dijk, and Paul Chilton." I know that there are quite a few scholars doing CDA from the cognitive perspective, e.g. van Dijk developed his social cognitive model. Would you please illustrate the theoretical and methodological differences between your research and van Dijk's research?*

Chilton: I will try to say something about it. Really we should have Teun van Dijk here also. Let me say first of all, of those four people, we all cooperate, work together. It is true that van Dijk always adopted a cognitive perspective in his earlier works on the processing of discourse. He draws on various early researchers in the cognitive area. He uses the idea of cognitive frames to study some aspects of discourse, based on early work in cognitive science and computer science. He uses also a standard psychological model of memory—long-term memory, short-term memory, and so forth. He has in recent years developed his own concept of "context models." So he's using some standard machinery from psychology and cognitive science, taking them further, and applying them to social discourse. But I think Teun would say that he does not draw extensively on the work that was done in cognitive linguistics from the 1980s onwards. I am thinking of the work on conceptual metaphor theory in particular, for example George Lakoff and Mark Johnson. He doesn't use that, at least not in detail. If Teun receives an article about metaphor for his journal, he often sends it to me … ha-ha … that indicates one of the differences. Also he doesn't draw on cognitive grammar, specifically work by scholars like Charles Fillmore, Ron Langacker and many others, all of whose publications have very detailed cognitive content. Teun is doing something different. He doesn't draw on the more detailed models of human language as such, and he doesn't use these for analyzing the *use* of language at the micro level. There is a difference in focus. But the overall methodological perspectives are indeed broadly cognitive in van Dijk and myself.

Question 4

Wu: *In your point of view, what are the most important developments in CDA?*

Chilton: That's another difficult question. I just think that the first important thing for us is that CDA is not a single unified field. Most of us who work in CDA would emphasize, what we always tell students, is that CDA isn't just one single theory. We often have PhD students coming to say "I want to do a study using the CDA method." We have to say there is no CDA method. It is very diverse. That's why it is quite difficult to say there is one important development here, there is another important development there. There are different approaches that appear in different times and it's a very broad field rather than a linear development. So I wouldn't like to say there is any one particular theory. But I would add one thought on that, and it's the same as what I said yesterday. The most important development for CDA is the new global environment for communication, where totally different problems of critical analysis have emerged and are continuing to emerge.

Wu: *Very good answer.*

Chilton: And one important development for me personally, I think *extremely* important, is the emergence of a considerable body of scholars in China who are now interested in critical discourse analysis. And we see that in other regions of the world also, I mean I am not talking about Australia, and other English speaking parts of the world, or French and perhaps German speaking parts of the world for that matter. But I am talking about places like Iran. Now, what does this term mean for people in Iran? What does it mean for scholars in China? Since we are only beginning to see this happening, the process only emerges in development. So, what CDA must do is not be over-concerned with its own internal theories and so forth. It needs to respond to the development of discourse analysis in the global context and to scholars outside the old imperial European sphere of influence.

Question 5

Wu: *Many scholars, especially scholars in China, believe that Halliday's systemic-functional linguistics is the theoretical basis of CDA. But I think CDA has a very broad theoretical basis, including not only Halliday's SFL, but also many social and philosophical theories. What's your opinion about this issue?*

Chilton: Well, I suppose I could say quite a lot about this. It might take too long. But I do think there is a question about the theories of language which are used in discourse analysis. There are historical reasons why SFG is popular in China, I believe, and why it is popular within English language teaching circles also. And it is certainly true that it was advocated quite strongly by Norman Fairclough. It is a quite complicated story, actually, as to how it happened. It's partly to do with Chomsky. Most people in discourse analysis, and most people in critical discourse analysis, like to say rude things about Chomsky. I am not one of them. I don't think Chomsky's latest version of Generative Grammar is actually going in the right direction, but let's not forget it is a kind of cognitive approach. The problem is that it is a very restrictive version, restricted to syntax. Meaning is treated as something separate.

Now, I think, what we are concerned with is discourse and its meaning, and how meaning is communicated. Chomsky's extremely influential theory cannot give us any instruments for looking at meaning closely, and, specifically, in practical contexts. This was understood relatively early, but in fact the early critical linguistic school *did* draw heavily on Chomsky's technical idea of transformations, working from early versions of Chomsky's theory. Then they abandoned the generative Chomskyan framework, and they decided to work with systemic-functional grammar because it claimed to be more related to the communication of social meanings and contexts.

I think that SFG can be a very useful tool. However, I do think there are serious limitations actually, as far as I understand currently the large body of SFG. Again, I acknowledge that SFG itself is developing and that within it there are strands that make a claim to being cognitively plausible. So, I might be out of date on this. But as I mentioned in the lecture yesterday, one major problem for me with SFG is that it tries to classify a huge number of separate meanings and label them. I don't think meaning can be classified in that kind of way. A second problem is that it also has no elaborated theory of pragmatics. It doesn't tell us how communication happens, how this extraordinary process occurring between human beings, human minds, actually works. And a third limitation is that SFG doesn't have a theory of conceptual metaphor. It has a theory of something that is called "grammatical metaphor". But it seems to me surprising that SFG hasn't related its writing about metaphor to the development of theory about metaphor within cognitive science. I think that's a serious limitation of SFG.

Those are three particular limitations, at least in my view, but the most fundamental difficulty is that SFG tries to classify meanings in systemic networks. It doesn't have an explanation for *implied* meaning. And what is absolutely clear, I think is that, contrary to popular belief, words do not explicitly encode all available meanings. They are not packets that contain meanings. In themselves words are just little hints, little cues. Most of our understanding of meaning and communication is done unconsciously by bringing in lots of background knowledge—that's why I think the cognitive approach is more relevant. CDA has always been interested in the manipulation of meaning, the communication of hidden or semi-hidden meaning, meaning that is not on the surface structure of words, but is implied. To understand the range of meanings we can communicate by using language, you need all the theories from linguistics. I think the main one, for CDA, is probably pragmatics, especially the theory of speech acts. SFG does not have a theory as such of speech acts.

I don't deny, however, that SFG is extremely helpful, with some types of description, for example with what is called "transitivity," but it cannot give us the whole story. There are other things too in CDA, not from linguistics at all. People will mention Foucault, the French philosopher, who gives us a broad notion of the relationship between discourse and power. But the problem is Foucault uses very large generalizations, I mean he doesn't analyze specific language, only social aspects. I think we have to include other social theories as well in CDA. Somehow, we need to try to relate them in a more detailed fashion to our knowledge, scientific knowledge about language. Foucault has been enormously influential in CDA's ideas about power, but also I think very important, always mentioned in CDA, is Habermas. Within his ideas, there is the possibility of developing some kind of interface between linguistic structure and ethical commitments, ethical values.

Wu: *And also some theories from many other theorists, such as Bernstein, Harvey, Giddens, Bakhtin, Bourdieu, and so on. I think the theoretical basis of CDA is very broad,* *including both linguistic (especially SFL) and social / philosophical. So, I quite agree with you.*

Question 6

Wu: *Many scholars mix up CDA with CL. But it seems to me CDA is different from CL in the aspects of their birth time, theoretical bases, and analytical procedures. Specifically, CL was originated in the late 1970s and CDA was originated in the late 1980s; CL is directly based on Systemic Functional Linguistics, but CDA draws upon a lot of theories other than linguistics, for example, social theories and philosophy; For Critical Linguists, they just analyze the linguistic pieces by focusing on clauses and then jump to the conclusion, but for Critical Discourse Analysts, they have three dimensions: linguistic analysis, the intermediate level, and social analysis. Here the linguistic dimension and the social dimension are usually linked up by the intermediate level, e.g. interdiscursivity, social cognition, or evolutionary psychology, etc. So, I think it's not proper to mix up CDA with CL. What's your opinion?*

Chilton: Yeah, it is interesting to hear your perception of this. Some scholars think CL and CDA have been very different. I never thought this myself actually. I think it's just, I really think it's a change of label, or a change of name. And it happens that CL came in first. CDA is not a reaction or, you know, not some kind of revolution against CL. I think it's simply a natural development, and I think the label changed simply because many more theories about meaning and communication were being brought in, whereas the initial impulse, the critical approach, was to draw on linguistics, and quite narrow linguistics. To some extent, I think you are right. The shift actually started with modifying Chomsky's idea of transformations, but very quickly critical linguistics moved to Hallidayan linguistics. Then I think the next stage was, more and more theories came in, Marx is always present actually, Foucault, Bernstein as you mentioned, and Habermas. The whole field became more diverse really. And another thing one should remember, of course, is that, the whole field began to include not only linguistic communication, but visual communication, and multi-modal communication.

Wu: *Yeah, as discussed in the works by van Leeuwen.*

Chilton: That's right. So, there was a move, a change from critical *linguistics*, from linguistics to discourse, where discourse is a much broader term. We began to look at semiosis. And if you look at semiosis in general, I mean signifying systems besides language, it simply became clear that how society as constituted involves not just language, but also parallel and interacting semiotic systems.

Wu: *Yeah, very illuminating answer! You mean semiotic turn?*

Chilton: Yes, I think it's a semiotic turn, if you like, in the sense that attention was given to different ways of communicating meaning, and the ways in which language itself interacts with systems that are non-linguistic.

Question 7

Wu: *It seems that CDA doesn't have its own methodology, but integrates linguistic method with a critical social standpoint. This is really an undesirable situation. Could you please give us some suggestions on making improvements in this regard?*

Chilton: Ha-ha, right, that's an interesting kind of question. I am interested that you say it's undesirable, to have um … what did you call it … um … yeah … lack of central methodology perhaps … Well, as I said earlier, I'm a little bit suspicious of centralized anything. So, I am not sure it is a disadvantage … I am not sure it is undesirable that CDA lacks a single monolithic coherent theory and methodology, you know, I always thought of CDA not so much as a scientific theory. I don't think it is a scientific theory. I think it's more like a social movement.

Wu: *Yeah, it's a kind of perspective.*

Chilton: It is certainly a perspective. I think that if there is a unified element, it's the idea of critical perspective, the idea of standing back from society, from language as used in society, and rather than just accepting it as something natural, you stand back and observe and analyze, and then your natural critical evaluative powers may come into play to decide whether you really think the way language is being used in the society or the way the society is, is the way you want it. It may be good or it may be bad. Um … So, that is a unifying thing, the critical eye, or if you like, the critical stance. And I think the fact that over the years CDA scholars have drawn on diverse theories is actually a positive thing, because it gives a range of different tools in a toolbox.

Wu: *Yes, I think this is a good thing because we can borrow theories from different origins, and have a kind of combination. Probably this is pluralism. That's good for the healthy development of academic research.*

Chilton: Yes. Yes. It sometimes makes it difficult within academia, within the academic world, to explain CDA, because it's not always recognized as a discipline. Actually, I am not very happy with the term "discipline," because of what it means literally. I do not want it be disciplined. I want it actually be developed by its own means.

Wu: *Actually van Dijk also didn't like this word, discipline. He said that CDA is, kind of, a field of study, or a domain of study, a perspective on the social issues rather than a discipline or a theoretical framework or something like that. So you have the common idea.*

Chilton: Yeah. I think it … that means it is actually quite difficult for, for instance, PhD students to understand what is going on. They often have an intuitive feeling that they want to do CDA, but that's a kind of slippery thing. But I think what has to be done when starting research in CDA is to focus on some urgent issues in society, or some aspects of society about which the researcher has strong feelings. What happens very often is that it is necessary to develop a methodology to deal with a particular discourse phenomenon which emerges in the society, maybe some new genre such as blogs on the Internet, or, more importantly, some political crisis, or some conflict, or oppressive tendency. New phenomena may need new discourse analysis tools. This is the way the theories develop as well, the way methodology develops within CDA. And it's a response to the new world.

Question 8

Wu: *As far as I know, Fairclough said that discourse analysis is, in some sense, a kind of interpretative art rather than a science. It depends very much upon the analysts' judgment and experience. Consequently, we cannot achieve absolute objectiveness. What's your opinion? Any suggestions on how to solve this problem?*

Chilton: Um … interesting. I agree broadly with what Norman Fairclough said but the question is, um … I mean let's just do a bit critical discourse analysis, ok? … on the way the question is raised.

There is a binary opposition in your question, between interpretive art and objective science, and behind that there are some assumptions about what science is. The popular notion of science is that it is "objective," but we can ask philosophical questions about objectivity. Let's be careful. Physicists, for example, say that "objectivity" is not a simple matter. Yet the popular view of science is rather rigid—that you just look at "facts," whatever *they* may be, and arrive at a conclusion. Things are not so simple. The act of observation of phenomena itself has an effect on those phenomena … I agree in general that when dealing with real live language, discourse in other words, interpretation has a slightly different status and is crucial. I mean, language is produced by human minds, human beings, and we have to make sense of the words we hear, and communication itself is an interpretive process … I have to make sure that I understand your questions on interpreting, for example.

When we are doing critical discourse analysis, I think, yeah, there are some difficulties. I wouldn't say the problems can't be resolved. I think one lives with the problems, if they *are* problems—maybe the so called problems are in fact part of the process. What is often criticized, for instance, by scholars like Henry Widdowson, is the bias and selection of the types of discourse that are studied by critical discourse analysts, and then also the biased selection of features within the selected discourse that are chosen for analysis. I think this is a problem only in a limited sense. It is connected to the fact that CDA is grounded in value judgments about what is good and what is bad. CDA has always wanted to improve society in some way, and to do that, you have to have an assumption about what needs to be improved, and to have such an assumption, you need to have some ethical presuppositions about what is right and what is wrong. So, it is inherent, and you might call it subjective, but in a sense it is not subjective because everybody has some sort of position, often unconscious, and with variations, about right and wrong. This exists in human beings and in human interactions.

CDA is in fact itself *part of* the ongoing interactions, disagreements and negotiations among individuals and parts of society—it's not just a descriptive methodology that stands back and describes things "factually." So, CDA tends to proceed by selecting certain areas of the social discourse that swirls around us, and within us. Because analysts themselves are part of society, they have to select part of society to focus on, and some issues that strike them. That is because of underlying value judgments. For example, there has been a lot of interest in racist discourse in CDA, especially in the west. Why? You know, it is because there is a strong feeling that racial discrimination is wrong. Why? That has to do probably with historical experience, but it also has to do with a universal principle, I think. As I have said, CDA has not been very good at explaining its underlying moral judgments. In response to critics who have said "you are not objective, you're selecting issues subjectively," many CDA practitioners have often said something like "well, we know that, but what we do is make our position explicit, we are not trying to hide our bias." Personally, I think CDA is under an obligation to do more. One reason is that subjectivism is not enough—it is not enough just to state one's political or ethical position, one has to give reasons also. Another is that the environment has changed—at one time CDA scholars were addressing other liberal-minded Europeans and could take their ethical presuppositions for granted. In a global environment and in their own shifting multicultural environments, they also need more than ever to give reasons for why they think certain issues demand attention and why they judge them the way they do—what their underlying ethical presuppositions actually are.

All this is related to the way I see CDA—as a participant in society as well as a describer of it. This is not the same for linguistics, where we are trying to build scientific theories about the nature of human language, how it works, and how human communication works. These are scientific questions—for example, what is the morphological structure of a particular language? What is the distribution of particular types of linguistic structure in the world's languages? These are empirical questions, capable of answers that are true or false, and in some cases quantifiable.

Question 9

Wu: *Actually, the most critical question. Unluckily, CDA has received a lot of criticisms during these years. For instance, many scholars think that the unilinear understanding of the power relations in CDA is rather partial. And Widdowson (1998) has claimed that CDA should include discussions with the producers and consumers of texts, and not just rest upon the analyst's view of what a text might mean alone. Similar criticisms can also be found in Pennycook (1994), Toolan (1997), Stubbs (1998), and Widdowson (1995a, 1995b, 1996, 2000a, 2000b). What do you say in this regard? Or could you please tell us how to solve these problems?*

Chilton: Yes, the concept of power is very important in traditional CDA, and the critical element has to do with judgments about the abuse of power. That is stated as the main motivation by some of the leading scholars, notably, again, Fairclough, Wodak, and van Dijk. But what is power? There are a lot of ways of understanding the term "power." Perhaps CDA needs to investigate it on a more philosophical level, bringing in more philosophy and more political science, where notions of power are discussed in depth.

The second part of your question has to do with the criticism that CDA research has been one-sided, in the sense that we focus too much on texts themselves, independently of the consuming texts. Well, the proposal that it would be interesting to analyze the consumer side, to talk to consumers of texts. That's a perfectly reasonable idea. I think perhaps CDA should try those kinds of research approaches. I don't think that would be contrary to the main motivation of CDA in any way. There is one point, however, I would make to justify analysis of examples of discourse itself, or rather texts themselves extracted from discourse, and that is simply that analysts themselves are also consumers of texts, they are also part of the world, as citizens and as ordinary human beings who consume texts. So, when an analyst reads a text, he or she is only doing something that is basically similar to what other consumers of texts do—though to be more honest about it, CDA analysts are paid to spend time, more time on it and analyze it in more detail. I think the judgments that analysts make about texts are not going to be a million miles distant from those made by various kinds of text consumers, because they are all in the society together.

So, how to solve these problems? I don't think there's a solution to this kind of problem, if indeed, I repeat, it is a problem, rather than just an intrinsic part of the kind of thing CDA does. But one key thing is to be *aware of* this possibility of bias, to be conscious of it, for analysts, and to state it explicitly—and, as I've stressed, give reasons and justify your underlying ethical assumptions. So, you need to state why you are selecting a particular text, what your value judgment about it is. That has always been the principle in CDA. It's not a solution, but it's a kind of answer. The starting point is that critical discourse analysts are inevitably part of a social process themselves. Their readings and understandings of particular communications are important, but they can certainly, and should, be supplemented by attempts to find out what other kinds of consumers make of the same texts, readers or hearers with other kinds of purposes and interests.

Question 10

Wu: *What do you think are the future research directions or perspectives in CDA?*

Chilton: Um … Good question! Yeah, it's not for me to decide, it's not for any of those old people who have being working in CDA for years, it's for you and your colleagues in the new generation to decide which direction CDA is going in. There are two things I would say. One is the increasing exploration of new methods of analysis. We have seen this, to some extent, among younger scholars who are starting to use cognitive linguistics, which is a relatively new approach that has been developed over the past 30 years or so, ha-ha, sounds not that new! People are now starting to apply cognitive linguistics to get increasingly more insights into the *minds* of humans and their interactions. And the second, but the really crucial thing that I have touched on earlier in the interview is: the new direction of CDA is driven by the changing nature of international society, the emergence of countries like China, and other countries. I mean the things that are happening in the world that we have to be, that we are necessarily and inevitably involved in, for example, what happened in the Middle East this spring 2011, and what will happen in the future there and in other parts of the world. And the new direction, I think, must be more cooperation, more dialogue between scholars such as yourselves in China, and scholars in different parts of the world. I don't think it's reasonable to think that western scholars should be leading the direction now. We are after all, we are all in the same global situation despite all the historical differences in culture. Human beings have more similarities than differences, so we need to drive forward in new directions in collaboration together.

Wu: *Ok, very good. Thank you very much.*

Chilton: Thank you very much indeed. It's very interesting to talk about these things with you.

注释：

We are very grateful to Professor Paul Chilton for his careful revision of this paper.

本文系国家社会科学研究青年基金项目"中国当代大众语篇中的篇际互文性研究"（13CYY089）及中央高校基本科研业务费培育项目"中国新话语秩序中的篇际互文性研究"（x2wyD2117910）的阶段性成果。

参考文献：

Blommaert, J. 2005. *Discourse: A Critical Introduction*. Cambridge: Cambridge University Press.

Pennycook, A. 1994. Incommensurable discourses?. *Applied Linguistics*, (15): 115-137.

Stubbs, M. W. 1998. Whorf's children: critical comments on critical discourse analysis. In A. Ryan & A. Wray (eds.). *Evolving Models of Language*. Clevedon: BAAL/Multilingual Matters. 100-116.

Toolan, M. 1997. What is critical discourse analysis and why are people saying such terrible things about it?. *Language and Literature*, (6): 83-103.

Widdowson, H. G. 1995a. Discourse analysis: a critical view. *Language and Literature*, (4): 157-172.

Widdowson, H. G. 1995b. Review of Fairclough: *Discourse and Social Change*. *Applied*

Linguistics, 16(4): 157-16.

Widdowson, H. G. 1996. Reply to Fairclough: discourse and interpretation: conjectures and refutations. *Language and Literature*, (5): 57-69.

Widdowson, H. G. 1998. The theory and practice of critical discourse analysis. *Applied Linguistics*, (19): 136-151.

Widdowson, H. G. 2000a. On the limitations of linguistics applied. *Applied Linguistics*, (21): 3-25.

Widdowson, H. G. 2000b. Critical practices: On representation and the interpretation of text. In S. Sarangi & M. Coulthard (eds.). *Discourse and Social Life*. London: Pearson Education Limited. 155-169.

Issues in Critical Discourse Analysis: An Interview with Professor Paul Chilton

Wu Jianguo, South China University of Technology

Zhong Hong, Guangdong University of Foreign Languages and Foreign Trade

Abstact: this article presents an interview with Dr. Paul Chilton, Emertus Professor in linguistics at the University of Lancaster, UK, His main research interests include cognitive linguistics and the socially engaged analysis of discourse (especially Critical Discourse Analysis, CDA for short). In this interview, Professor Chilton enlightens us on the issues of CDA, including its basic tenets, historical origin, theoretical bases, research methods, future directions, and so on.

Key words: critical discourse analysis (CDA), Paul Chilton, interview

作者简介：

武建国，华南理工大学外国语学院教授，博士，硕士生导师。研究方向：话语分析、文体学、语用学。

钟虹，广东外语外贸大学英文学院副教授，博士生。研究方向：批评性话语分析、二语写作。

《话语研究论丛》第一辑
2015 年
第 103-107 页
南开大学出版社

述评

公共话语·公民社会·国际关系
——中国话语研究会成立大会暨
第五届当代中国新话语国际学术研讨会述评*

◎ 李曙光　南京师范大学外国语学院
◎ 周　萍　华东师范大学中文系

  中国话语研究会成立大会暨第五届当代中国新话语国际学术研讨会 2013 年 10 月 19 日至 20 日在南京师范大学举行。会议由南京师范大学外国语学院承办、江苏省外国语言学会协办，并得到江苏高校优势学科建设工程资助项目、天津商业大学国际教育学院、《外语与外语教学》、《外语研究》的共同赞助。

  来自国内外的 80 余名专家学者参加了本次会议。其中包括：中国修辞学会会长、复旦大学陈光磊教授，中国修辞学会副会长、《当代修辞学》副主编、华东师范大学胡范铸教授，《当代修辞学》副主编、复旦大学祝克懿教授，Lancaster 大学 Ruth Wodak 教授，Durham 大学 Qing Cao 博士，Lancaster 大学 Christopher Hart 博士，《外语与外语教学》主编赵永青教授，《语言教育》主编隋荣谊教授，天津商业大学田海龙教授，南京师范大学张辉教授，中山大学丁建新教授，浙江大学施旭教授、吴宗杰教授，对外经济贸易大学窦卫霖教授，浙江传媒学院钱毓芳教授等。大会开幕式由南京师范大学外国语学院特聘教授张辉主持。陈光磊会长代表中国修辞学会祝贺中国话语研究会的成立，南京师范大学副校长缪建东教授、著名话语分析学家 Ruth Wodak 教授和中国话语研究会首任会长辛斌教授分别为大会致辞。

  当代中国社会处于持续不断的快速变革之中，无论是公众领域还是私人领域都发生

---

 * 通讯作者：李曙光
  联系地址：江苏省南京市（210097）宁海路 122 号，南京师范大学外国语学院
  电子邮件：lishuguangnjnu@163.com

了并正在发生着令人目不暇接的变迁，与社会的方方面面所对应的话语秩序也随之出现了形形色色的变化，新的语言现象层出不穷。从词汇到语篇，许多话语淡出历史，各种新话语应运而生并不断翻新。而语言与社会的关系是当代话语研究者最关注的研究课题之一。社会变化导致话语变化，话语的变化对社会也产生反作用，帮助维持或者推动社会变化。正是基于这样一种认识，许多学者将话语研究的目光聚焦在中国社会变革上面，举行了一系列的学术会议，产出许多有影响的学术成果。为了进一步促进话语研究学者之间的交流，推动话语研究在我国的深入开展，辛斌、田海龙、施旭、丁建新、吴宗杰等学者发起成立中国话语研究会的倡议，得到学界同仁的广泛响应。最终，在辛斌教授的直接帮助下，中国修辞学会陈光磊会长、胡范铸副会长、复旦大学祝克懿教授给予大力支持，同意"中国话语研究会"为中国修辞学会下属二级学会。2013 年 10 月 18 日，中国话语研究会在南京师范大学外语学院举行了第一届理事会，通过了学会的章程，选举产生了以辛斌教授为会长的学会领导班子。

第五届当代中国新话语国际学术研讨会旨在探讨当代中国社会中话语与社会变化之间错综复杂的辩证关系，主要议题有：公共话语与公民意识建构、中国话语与国际关系、话语与危机管理、社会用语的批评语用分析、话语的互文性分析、当代西方话语中的中国、当代中国的网络话语、社会认知理论与批评话语分析。

Ruth Wodak 教授在所作大会报告《政治话语分析：政治的"新面孔"？》（Analyzing political discourse: A "new face" of politics?）中指出，在传统和新式大众传播媒介的影响下政治活动也在不断发生变化，反映在政治活动的媒介化、个性化和市场化等方面，如与政治家有关的 Rap 歌曲、政治家在 facebook 上展现私人生活等。对学者来说重要的是运用语用学、话语分析和修辞学等方法来对这些政治领域的发展做出理论性的分析。报告总结了政治话语分析的重要方法，举例分析了欧洲右翼以往常用的修辞策略（如把"人民"二元分割，不是"好人"就是"坏人"；站在人民的角度说话，"我们是你们中的一分子，为你们做事"等），并着重分析了右翼政党奥地利自由党政治家的例子。最后总结了现今政治活动新面貌的主要特点：著名政治家的政治活动由视频、图片、故事、漫画等方式展现；给人以分享与民主的印象；明里暗里地说明政治家角色与功能的多元化；所有的信息呈现多样化风格；政治活动小说化；政治活动通俗化与商业化；政治活动对大众传播媒介持续依赖，可以说是媒介化。通过图文并茂的报告，Wodak 教授有效说明政治话语分析是个多方法、多模态与多学科交叉的研究。

华东师范大学胡范铸教授在题为《从当代汉语若干新表达式看当代中国的发展——基于"新言语行为分析"方法的考察》的报告中指出，当代中国正在发生着深刻的变化，语言是社会发展的重要表征。从若干当代汉语流行的新表达式入手，可以有效地揭示这一变化的复杂内蕴：言语行为都有一定的结构，"序列"是结构的一种重要表征，由新的指称序列的变化可以看到中国高层政治现代化的艰难而具体的进程。言语行为都有一定的主体，而行为主体又可以分为"动作主体"和"动机主体"，由新被动构式的流行可以看到中国普通公众作为动作发出者，对动机提供者权利意识的觉醒和对现代性困境的认知。言语行为都是在一定的"人际框架"中实现的，由新应答语的语用变化可以看到网络世界"对话性"社会的发育过程。言语行为都有一个对行为主体"身份"的确认过程，而由新称谓类"词语模"的兴起可以看到现实社会中国公众的身份意识的紧张，对于"我是谁"的困惑。言语行为可以分为"原述"和"转述"，由"我姓曾"可以看到中国权威新闻机构现代性道路上的突破性变化。胡教授的报告既是对其"新言语行为分析"思想的一次生动展示，也是对当代汉语一系列新表达式内蕴的独到发现，获得了与会者强烈的反应。

对外经济贸易大学窦卫霖教授作了报告《官方话语与对外传播研究》。她指出，近年来对外传播在我国日益受到重视，加强塑造国家形象已被提升为国家战略。然而，中国的官方话语的对外传播面临着西强我弱的格局，又由于对对外传播规律研究不够、异国文化研究不深、传播手段生硬、异国受众需求不明、对外包装缺乏整体策略等原因，不能有力地将我国的实情传播到位，效果亟待提高。报告从传播主体、传播内容、传播媒介、传播受众和传播效果等五个方面展开讨论，并根据传播主体的身份把话语分为四类：第一类是国家领导人话语，分析了习近平主席国际演讲的话语策略，认为习主席演讲的特色有"讲故事""不含糊""亲民化"和"巧用典"，其中用典如果是当地的典故，那么更容易受到外界的肯定与好评，而中国本土的引语由于文化差异较少引起共鸣；第二类是发言人的话语，对比分析了中美国防发言人语用策略；第三类是机构话语，通过话语特征、词频等对比分析了中美两国 2008 年和 2012 年政府报告中的"大政府"与"小政府"，发现我国政府的角色慢慢从综合型向服务型转变，并研究了北京精神口号与对外传播等；第四类是媒体话语，分析了《今日中国》的词汇翻译以及中国梦的对外传播研究等。报告基于案例分析和比较研究，融合语言学和传播学的有关理论，通过话语分析研究官方话语对外传播的效果，试图从中探索我国如何更有效地对外传播的策略和方法。

浙江大学施旭教授作了题为《中国话语研究的哲学基础》的报告。他认为中西对话语的看法是有文化差异的，想研究中国的话语首先要明确中国与西方哲学基础的不同，进一步可以说是中西的思维方式不同。西方的思维是二元对立的，如 real/ideal、material/form 等，所以他们的研究方法是一个事物可以不断分析至最小的单位，如篇章—段落—句子—词语。西方人的研究结论往往是非常明确肯定的，他们追求纯理性客观知识与标准分析；而中国人的思维注重整体观，讲究"我中有你，你中有我，天人合一"，所以中国的研究注重事物内部复杂的关系。除了客观分析，中国人还习惯在分析过程中加入自己的经验与道德文化评价，所以中国学者做话语分析要关心中国社会的问题，立足于自己的本土话语分析。

大会主题发言还有：Lancaster 大学 Christopher Hart 博士的 Grammar, Mind and Ideology: Cognitive Linguistic Tools for Critical Discourse Research，Durham 大学 Qing Cao 博士的 Changing Discourses of the "Market": A Corpus-based Longitudinal Study of the *People's Daily*, 1946-2012, 天津商业大学田海龙教授的 New Media Discourse and Public Sphere in China, 中山大学丁建新教授的《边缘话语分析：一些基本的理论问题》，浙江传媒学院钱毓芳教授的 Discursive Constructions of Chinese Dream in the Western Media, 浙江大学吴宗杰教授（因故未能与会，委托上海外国语大学余华博士代作）的"Speak in the place of the sages": Sources of meanings and mode of signification in Chinese indigenous discourse, 香港"中国力研究中心"主任寒竹研究员的《民族复兴和话语重建》，南京师范大学张辉教授的 Making Intelligence More Transparent: A Critical Cognitive Analysis of US Strategic Intelligence Reports on Sino-US Relations。

除大会发言外，与会代表围绕本次会议的主要议题在分组讨论中分享了在话语研究中取得的成果与心得，共同探讨当代中国新话语的发展。会议现场学术气氛浓厚，各位代表畅所欲言。

19 日的开幕式和 20 日的闭幕式分别由由南京师范大学张辉教授、中山大学丁建新教授主持。与会代表一致认为，中国话语研究会的成立及本次国际研讨会的召开为学者们进一步深入开展话语研究、探索话语在中国社会变革中的作用提供了一个高层次的交流平台。

正如陈光磊教授在大会发言中指出的，话语实际上就是修辞的过程和产物，话语就是社会和文化发展的映射和镜像，而中国新话语研究实际上是中国当代社会和文化研究的一个非常重要的任务。因此，既能站在中国看世界话语，又能从世界看中国话语；既能向世界说明中国，又能向中国说明世界；既能运用话语分析促进中国公民社会的发展，又能运用话语研究促进国际关系的和谐，这将成为中国当代话语研究者义不容辞的责任。

本届"当代中国新话语"国际学术研讨会延续了前四届的注重结合中国社会实际进行话语研究的学术传统。这一传统始于 2006 年在南开大学召开的第一届"当代中国新话语"国际学术会议和"批评话语分析高级研讨班"。同年，中国学者和英国学者在英国共同成功申请到 Leverhulme 基金会的资助，共同开展了"当代中国新话语"的国际合作研究，2007 年在英国兰卡斯特大学、2009 年在南开大学又相继召开了两届"当代中国新话语"国际学术会议。之后，2011 年在广东外语外贸大学召开了第四届"当代中国新话语"

国际学术会议。在本次会议之后，2015 年 12 月将在中山大学南方学院召开第六届"当代中国新话语"国际学术会议，期待着与国内外从事话语研究的学者相聚广州！

注释：

该文原发表于《当代修辞学》2013 年第 6 期，88-90 页。此次刊登略作充实。

作者简介：

李曙光，博士，南京师范大学外国语学院副教授。研究方向：系统功能语言学、批评语言学、话语分析。

周萍，华东师范大学中文系。研究方向：修辞学。

《话语研究论丛》第一辑
2015 年
第 108-119 页
南开大学出版社

书　评

《批评话语分析：阐释、思考、应用》评介*

Tian, Hailong. 2014. *Critical Discourse Analysis: Interpretations, Reflections, and Applications* (Nankai Discourse Studies Series). Tianjin: Nankai University Press. ISBN: 978-7-310-04504-4. pp. xxi + 298

◎　徐涛　　北京航空航天大学外国语学院

1. 引言

"批评话语分析"（Critical Discourse Analysis）是 20 世纪七八十年代兴起于西方，将话语研究与社会理论相结合的一种跨学科的研究范式。从 90 年代中期最初引介到中国，批评话语分析已走过近二十载的历程。与国外研究蓬勃发展的现状相比，批评话语分析在国内还是一门新兴学科，或者形象地说是一门"新的增长产业"。随着西方学术著作不断传入国内，国内学者对批评话语分析的关注度也越来越高，相关的研究成果也层出不穷。然而，在这一可喜现象的背后还有一些值得我们深思的地方。无论是"综述""述评"或"评介"，对批评话语分析的研究似乎在一定程度上是理论引介多于理论探索，实证研究多于实质研究，而将批评话语分析"本土化"，结合中国国情尝试立足于本土的理论创新，紧扣时代特征，用鲜活真实的语料进行系统的批评话语研究更是鲜有涉足。南开大学出版社于 2014 年 5 月推出的《批评话语分析：阐释、思考、应用》可以说是国内迄今为止就批评话语分析本土化进行专业、系统、全面的理论和实践探索的唯一一部学术专著。

---

* 通信作者：徐涛
通讯地址：北京市（100191）海淀区学院路 37 号，北京航空航天大学外国语学院
电子邮件：xutao18811@126.com

2. 内容介绍

在体例安排方面，该书除前言、参考文献、重要术语及人名索引外，核心部分整齐划一，分为三大篇 19 章，即阐释篇（第 1 章～第 6 章）、思考篇（第 7 章～第 13 章）和应用篇（第 14 章～19 章）。

2.1 阐释篇

作者遵循从理论到实践，理论和实践相结合的方式逐步展开其学术思想。全书以"阐释篇"开篇，包含六大章节。从内容上又可以分为三大部分：（一）第 1 章～第 4 章为批评话语分析核心概念阐释；（二）第 5 章为批评话语分析研究方法阐释；（三）第 6 章为批评话语分析发展脉络阐释。其中第 1 章～第 4 章分别讨论了"话语""权力""批评"和"跨学科"这四个体现批评话语分析本质特征的核心概念。第 1 章作者采用"概念史"的理论框架，也就是从历史语义学的视角首先对比分析了"discourse"一词在以福柯为代表的社会学家，以哈里斯、斯达勃斯、思弗林、法曳德以及布朗和约尔为代表的篇章语言学家和语用学家中的定义，进而以此为铺垫，强调了汲取社会学理论源泉，同时超越语言学研究视野的批评话语分析学家对"discourse"的独到见解，最终作者从社会主体所处的社会语境（包括社会地位、交流对象、所在场合以及各自依托的机构）、话语实践形式（词汇、句式、体裁和模式等）、话语社会功能（传递信息、参与活动、构建身份、再现事实等）（P10）提出了自己更为具体、更为详细的话语定义。难能可贵的是，作者除却对源于不同学术背景的学者对"discourse"的不同解读进行概念阐释外，还提出了批评话语分析移植于中国本土过程中，结合该术语的学科根源以及译入语文化，因地制宜、实事求是的动态多元化的翻译准则。

如果说话语是可以切实看到或听到的"显性"的社会符号，那么权力，也就是话语权力（discursive power），则是隐藏于社会符号并左右话语符号的"隐性"的社会资源。批评话语分析对这种隐晦的话语权力的揭示是第 2 章阐释的核心内容。围绕话语权力的不平等关系，结合沃诺斯诺夫的双重语境概念，作者首先论述了基于直接情景的奥斯汀的言语行为理论、赛尔的社会契约理论和托马斯的"不平等交际"论等语用学研究，然后阐释了从社会情境出发的社会学家福柯的话语秩序论、布迪厄基于习性和象征性权力的社会学理论。对两大学科研究特点的对比分析旨在突出批评话语分析批判继承语用学，又汲取社会学而阐发的话语权力观，即依存于体现不同社会关系和意识形态的社会机构的社会主体如何有策略地使用作为权力载体的话语实践，达到维系或改变社会现实的目的。

正是因为弥散于话语实践的话语权力具有看似合理有序，实则隐含意识形态的不平等关系，在揭示这种被意识形态渗透的权力结构的动态实现过程中，需要研究者不断进行批判反思，探究使意识形态合法化并得以维持的话语实践，并通过反思将研究成果付诸于实践，在社会政治经济领域干预话语实践。第3章对"批评"概念的阐释既包括从历时角度追溯西方学者对批评话语分析从创立之初到日臻完善过程中的学术批评（如政治使命、理论框架、分析方法、时间跨度、地域跨度、语言使用问题等方面），也包含"批评"在批评话语分析中的独特内涵和外延意义。作者对"批评"概念的阐释不是流于简单的总结概括，而是从西方学术文化和学术语境出发的对"批评"哲学传统的深入探究。身为中国批评话语分析的践行者，作者结合批评话语分析这一西方舶来品在中国本土化过程中遭遇的尴尬境况，将"批评"的探讨又拓展到不同文化背景和学术语境下中西方截然不同的批评思想，进而为中国学者从认识论和方法论上更好地理解并运用批评话语分析，探寻理论与实践相结合的中国特色的批评话语分析做出了有益的建树。作为第3章的结尾，作者回归章节起点对批评话语分析的学术批评，在回答其背后所体现的语言思想的过程中，将学术批评与批评话语分析的批评实践对比论述，批判审视了二者之间的异同，肯定了学术批评推动学术创新的价值。

批评话语分析自创立之初就秉承开放包容、博采众长的原则。它根植于多个学科学术研究的理论资源沃土而具有旺盛的生命力。第4章对体现这一特征的批评话语分析的跨学科性进行了理论层面和实践层面的详细阐释。作为铺垫，作者首先对"多学科""跨学科"和"超学科"三个彼此关联的概念予以了解释。跨学科性在批评话语分析领军人物的著述中，曾被冠以 multidisciplinary, interdisciplinary 和 transdisciplinary 之名。这其中术语使用的差异不仅仅是词法学角度的差异，更多的是学术思想的差异。无论是范代克海纳百川式"多学科"（multidisciplinary）的定义，还是沃达克优化整合式"跨学科"（interdisciplinary）理解，抑或是费尔克劳的沟通对话式"超学科"（transdisciplinary）定位，它们都体现了批评话语分析兼收并蓄、尊重差异的学术态度。为了更好地阐释批评话语分析的跨学科特征，作者接下来梳理了奠定批评话语分析理论基础的哲学、社会学、文学和系统功能语言学等理论渊源，并在此基础上进一步从包括研究方法、研究团队和研究课题在内的实践层面探讨了批评话语分析的跨学科性。

第5章延续第3章对"批评"概念的阐释和第4章对批评话语分析多元研究方法的阐释，着重介绍了批评话语分析新起之秀，即将语言学和社会学相结合的斯克劳夫妇的实践结点研究（Nexus Analysis）。实践结点研究的出发点是包含话语在内的社会活动。社会活动根植于社会交际过程中依存于不同话语周期的微观活动，这些微观活动恰恰是更广范围的社会机构和活动得以循环运作的中介点。实践结点研究通过追溯社会活动中历史个体、话语和物质世界的社会和历史文化发展轨迹，探究这些轨迹如何在某个特定的实践结点交汇，并继续按照各自的轨迹发展下去，带来新的话语实践形式。作者在对实践结点研究的核心概念（"社会活动""历史个体""在位话语""互动秩序""话语周期"等）和分析步骤（对接实践结点、导航实践结点、改变实践结点）进行阐述的基础上，对比分析了实践结点研究与批评话语分析的共性和差异，突出了实践结点研究以社会问题为导向、以社会变革为目的、反思与做事并重的批评视角。

作为对"阐释篇"的一个总结，第 6 章系统回顾了批评话语分析从批判继承其前身批评语言学的理论精髓到自成一家、独树一帜的发展轨迹。作者首先对批评语言学产生的历史背景、理论主旨及研究缺陷进行了阐述，然后在此基础上展开论述了批评话语分析从形成、发展到壮大的过程。其中包括批评话语分析将作为社会活动表现形式的话语置于社会历史环境中，描述并解释话语再现社会现实、维系社会权力关系等方面如何继承批评语言学，但在研究范式的命名、研究对象、分析原则、批评视角等方面又不囿于批评语言学，强调特定的话语实践与其所处的环境、机构和社会结构间的辩证关系，并探寻一种将话语实践与客观社会环境连接起来的纽带，即有关话语的社会学理论。为了更好地阐释批评话语分析的理论精髓，作者又重点讨论了批评话语分析先驱人物费尔克劳的"辩证关系"方法和范代克的"社会认知"方法。不论是费尔克劳采用的"话语秩序"还是范代克提出的"语境模型"，它们都是批评话语分析学家在语言学研究中将话语与社会有机联系起来，解决微观的话语实践与宏观的社会结构之间的关系所提出的重要理论途径。最后，作者阐述了批评话语分析是如何在针对其政治责任、理论基础、文本收集和分析等方面的批评与反批评的过程中日臻成熟和完善的。

2.2 思考篇

继"阐释篇"后，"思考篇"是该书作者结合中国语境以及自己十多年的学术经历，围绕批评话语分析在国内学界的争论和批评话语分析在中国的应用进行的更深层次思考。全篇由 7 章组成，从主题上可分为四大部分，分别就批评话语分析的研究本质（第 7 章、第 8 章）、学科属性（第 9 章）、应用路径（第 10 章、第 11 章）、研究方法及内容（第 12 章、第 13 章）进行了探讨。

通过"阐释篇"的论述，我们可以清楚地看到批评话语分析的诞生不仅经历了西方语言学"社会学"转向的洗礼，同时也是后现代主义哲学思想催生的产物。第 7 章和第 8 章分别围绕语言选择和质的研究方法两方面思考批评话语分析的后现代性。第 7 章首先从语言选择的对象和语言选择的目的两方面对语言选择研究三大流派（即系统功能语言学、语用学和社会语言学）进行了对比分析，指出其研究意义的同时更重要的是反思了其研究局限性。虽然它们同样是受后现代主义思潮的影响，对结构主义反叛的产物，但其研究仍不同程度地带有结构主义的烙印（如系统功能语言学、语用学），或未能淋漓尽致地彰显以过程哲学为基础的建构性的后现代主义特征（如社会语言学）。正是基于这种对比分析，批评话语分析的后现代性才能得以充分诠释，即批评话语分析冲破主流语言学重语言本体轻语言使用者的狭隘语言观，致力于"解构"认知主体有意识、有目的的语言选择行为所"建构"的社会现实。第8章从方法论上进一步思考了批评话语分析的后现代性。秉持源于实践、源于问题的研究态度，作者首先指出了其研究过程中发现的国内批评话语分析将"质的研究"与"定性研究"概念混淆，从而忽视或曲解了以"质的研究"为特征的批评话语分析的倾向，并在此基础上着重探讨了质的研究的历史渊源、发展轨迹和理论构架，为接下来阐述批评话语分析以"质的研究"为特征的研究方法、思考批评话语分析质的研究潜势、构建一个趋于质的研究的批评话语分析模式做了必要的铺垫。如果说对于"普遍性规律的追求"是科学的普遍取向，那么，受后现代主义思潮影响以质的研究为特征的批评话语分析则更加强调研究对象的复杂性、特殊性、多元性、异质性与不确定性，以及以具体性、解释性、反思性、实践性为特征的研究方法。基于对国内批评话语分析研究论文的观察，作者质疑了实践层面脱离现实、追求"真理"的研究方法，并适时地指出了在语料收集、研究课题选取、研究结果反思等操作层面有待改进的地方。最后，作者提出了趋于质的研究的批评话语分析模式，即"始于研究者对社会问题的关注、行于对社会问题中体现的话语问题的分析、泊于对社会问题的解决"（P107）。这一分析模式充分体现了从实践中来到实践中去，在实践中发现问题、分析问题、解决问题的辩证唯物主义方法论。

在第7章和第8章对以后现代性为特征的批评话语分析研究本质进行思考的基础上，第9章重申批评话语分析概念系统和学科特征，探究批评话语分析与社会语言学在研究对象、语言思想、历史渊源等方面的诸多共识，提出中国学术语境下批评话语分析的社会语言学学科属性，并为其纳入中国社会语言学二级学科提供了必要的理论依据。如第7章所述，正是将社会主体纳入研究视野的语言观、对语言选择主动性和目的性的认识、与社会学的整合交叉，以及对语言选择与社会结构关系的探究在一定程度上促使二者殊途同归，不谋而合。值得一提的是，作者对批评话语学科属性的思考不单单出于国内学者在项目申报、成果评审过程等实践层面的需要，更是在异中求同、同中求异的过程中确立并巩固批评话语分析在中国人文社会科学体系中的学科地位，确保其在中国这方学术沃土中蓬勃发展的良好势态。

与第7章～第9章相比，"思考篇"第10章（批评话语分析的中国路径）和第11章（话语功能性与当代中国新话语）是从微观层面，对构建扎根中国本土、适应中国国情、具有中国特色的批评话语研究视角进行的思考。作为铺垫，作者在第10章首先围绕"批评"的内涵和外延进行简述，对比分析了以福柯为代表的话语理论和批评话语分析在批评意识和批评视角方面的差异，并运用几何学概念将二者分别定义为"优角"和"锐角"的批评视角。福柯的考古学和谱系学研究重在探索并挖掘各种认知（即在特定历史时期渗透于人们思维中的知识体系）之间的断层或间断性以及一定的知识和实践或被认同或被拒绝的社会背景。虽然福柯的话语权力观认为知识拥有权力，权力生产话语，话语是被保留、被改变，并影响现今人们思维的认知的物质表现形式（Foucault，1972），但其研究还是停留在更加抽象和复杂的宏观层面的理论构架而非现实具体的话语实践以及其促成社会变革的社会意义，因此其批评视角被视为"优角"。相比之下，批评话语分析秉承新马克思主义文化理论思想，即话语是在政治经济领域产生和使用的，因此，它们促成并体现了这些领域不同意识形态更广泛的利益、社会结构和社会运动（Hall，1996），所以，批评话语分析与生俱来的揭示意识形态和权力运作，消除社会不公、变革社会现实的政治使命导致其尖锐、强烈的批判意识，故称为"锐角"的批评视角。在对"优角"和"锐角"进行批判思考的过程中，作者提出了兼具二者特点，但又不同于二者的适合中国国情的"钝角"研究视角，即将微观话语分析与更为广阔的社会背景结合，关注包含众多微观活动的话语的宏观过程，解读话语与社会之间的辩证关系，尤其是话语在建构环境、知识体系、价值体系、社会准则、社会关系和社会身份等过程中的重要作用。正是基于对话语的这种独特认识，作者在第 11 章进一步提出了"话语功能性"概念以及在当代中国开展话语社会功能研究的重要意义。首先，话语"手段说"与语言"工具说"被进行了严格的界定和区分。作者认为，无论是具体显明的语言微观功能还是抽象概括的语言宏观功能，因为它们都忽略了话语与社会语境双向辩证的关系，也就无从谈及话语参与、再现和再构建的社会功能。在此，作者提出了自己对社会语境的独到解读，即有别于系统功能语言学涉及语场、语旨和语式的社会语境，强调包含机构语境和社团语境，体现权力关系和意识形态的更广范围内的社会语境。在对话语功能的内涵、特征和实施三方面进行思考后，作者结合政治经济全球化和改革开放冲击下的中国当代社会孕育而生的新的语言现象和话语表述方式，提出将围绕话语功能性的中国当代新话语研究列入国内学界研究议程的迫切性和必要性。

　　作为"思考篇"的结尾，作者在第 12 章和第 13 章分别围绕批评话语分析的研究方法和研究内容进行了思考。第 12 章主要讨论了代表批评话语分析新生力量的认知型研究范式（即认知取向的批评话语分析）。第 13 章关于政治语言研究的思考既体现了作者学术思想从形成、发展到升华的过程，也体现了批评话语分析与时俱进、不断完善的过程。

　　第 12 章作者首先分析了认知取向的批评话语分析的研究特点，然后分别讨论了认知批评话语分析中基于共同理论（即认知科学理论），采取不同切入点的两种研究路径：从"话语"角度切入、在话语层面进行认知分析的"认知话语分析"和从"语境"角度切入、在社会层面探讨话语意义的"认知语境分析"。关于第一种路径，作者认为，基于认知语言学理论的批评隐喻研究虽然代表认知话语分析的主流研究阵地，但仍存在理论构造根基薄弱的缺陷，有待进一步拓展和充实。相比之下，英国学者齐尔顿在其政治话语研究中所采取的多元化理论和方法（如过滤分析、矢量理论、指代空间理论、隐喻研究等）不失为一种有益的探索。为了更好地阐释认知话语分析的特点，作者着重探讨了齐尔顿的"过滤分析"法。所谓"过滤分析"，正是由于话语"所指意义"与"再现意义"的差异和不对等关系，即使用不同的语言表述形式可以有相同的指代对象，却产生不同的或折射或歪曲客观事实的再现意义，所以，只有通过过滤分析由"论点"和"谓语"构成的政治话语命题，才可以揭示隐含在其中、不为公众所知的意识形态问题。在这一点上，认知话语分析可谓是从认知角度对批评话语分析政治使命的弘扬和贯彻。关于第二种路径，作者重点讨论了范代克结合认知心理学和社会心理学而提出的基于"语境模型"的社会认知理论。此处的"语境"不是狭义的、静态的话语活动产生的直接情境，而是认知主体在交际过程中不断定义、解释、再现和建构的更广范围的社会情境。与其他批评话语分析学家一样，范代克在其理论构建中试图探寻一种将宏观的社会结构和社会体系与微观的语言活动结合起来的连接纽带，也就是认知主体对包括社会信仰、社会关系、机构背景等因素在内的社会语境的主观建构。以范代克的语境模型为代表的认知语境分析不仅是对话语实践与社会结构相互关系的探究，更是对这种相互关系中所体现的社会问题的探究。认知语境分析的批评本质在此得以彰显。

体现权力关系和隐含意识形态意义，反映贫穷、不公、排斥等社会问题的政治话语是第 13 章思考的核心。作者首先提出语言的政治问题和政治的语言问题是对语言与政治关系研究的两个重要组成部分，而后者是批评话语分析关注的焦点。据此，作者在接下来的部分围绕政治语言的含义、政治语言研究的发展形成、政治语言研究方法等重点讨论了政治语言研究的特点。综合齐尔顿和沙弗娜、麦克奈尔、威尔森基于策略功能、政治交际和政治参与者对政治话语的不同定义，作者兼顾政治活动的主体、本质及表现，提出自己对政治语言的认识，即政治语言是"政治活动的参与者为达到一定的政治目的而采用的具有一定体裁形式的语言"（P160）。此外，作者认为，语言学家从语言结构到语言运用，再到语言使用者的研究促成了政治语言研究的形成和发展，而对政治活动参与者以及通过政治话语实践实现政治思想的政治家个性研究是政治语言研究区别于其他语言研究的重要特征。关于政治语言研究的方法，作者着重探讨了齐尔顿和沙弗娜基于语用、语义和句法三方面的研究以及比尔德基于政治语言体裁的研究，并在此基础上提出从语言的社会功能入手，结合各种体裁和课题进行政治语言研究。最后，作者结合中国语境，对如何建构政治语言学理论框架进行了思考。正如范代克（2006）所言，与其他形式的政治实践相比，政治话语是最具意识形态或最能清晰表述政治思想的话语实践。考虑到政治话语的独特性和重要性，作者提出基于汉语语料、包含语言的政治问题和政治的语言问题两大领域的政治语言研究，以及将政治话语研究冠以政治语言学的名称，纳入社会科学领域语言学范围，由此推进语言学习和研究的发展。

2.3 应用篇

继"阐释篇"和"思考篇"后，"应用篇"（第 14 章～第 19 章）是作者结合十多年学术研究活动，运用批评话语分析的研究方法对当代中国语境下的话语实践进行的应用研究。包含在"应用篇"中的六项个案研究分别涉及政府工作报告、中英媒体报道、征求意见稿、教学质量评估报告、病例报告和英语阅读教学等话语实践。严格地说，无论政府、传媒、教育还是医疗领域，上述六项个案研究不无例外地触及构成了社会基石制度的社会机构内部的话语活动。机构话语只有在其机构成员通过话语实践的过程中才能存在，它是置于社会、历史、政治和经济潮流中的物质的话语实践的集合体。对不同机构话语的应用研究一方面有助于理解作者在"阐释篇"和"思考篇"中围绕批评话语分析的理论探讨，更重要的是它为描述和阐释社会机构的主体即人的话语实践是如何受社会结构的制约以及话语实践又是如何影响社会结构这一问题提供了很好的切入点。

在语料选取和研究方法方面，"应用篇"的前五章各具特色，各有侧重，大致分为两大部分，其中第 14 章～第 16 章针对"静态"（即同一体裁的话语实践）的语料，分别采取了语料库语言学、多模态话语分析和费尔克劳的"辩证关系"方法；第 17 章、第 18 章则是针对"动态"（即分处不同历时坐标的相互关联的体裁）的语料，分别采用费尔克劳和沃达克的话语秩序以及话语相互关系的研究方法、斯威尔斯的"话步结构"分析方法，探讨某一话语实践的生产过程。第 19 章自成一体，结合批评话语分析关于批评语言意识的论述，提出如何在应用语言学领域建构一种批评阅读教学模式。

第 14 章是对 1999 年～2008 年间朱镕基和温家宝两届政府报告进行的基于语料库的批评话语分析。话语是反映社会经济文化变革的一个重要晴雨计，所以对它的研究必然要建立在其所形成的社会大背景之下（费尔克劳，1992）。在阐述批评话语分析关于话语和社会变化的辩证关系以及语料库语言学方法的基础上，作者依据自建的跨度十年的两个专用语料库（即朱镕基和温家宝两届政府各 5 个工作报告，字符分别为 42516 和50461），以兰卡斯特汉语语料库为参考语料库，运用 WordSmith Tools Version 4 分析工具，从词频、词丛、主题词、搭配及检索等方面对政府工作报告进行了翔实的对比语料分析，以期揭示两届政府工作重点和政策取向的异同，同时，也是更重要的一方面，阐释政府机构话语如何在语境迁移的"再情境化"过程中引发新的话语实践，带来更广范的社会变革。

第 15 章运用多模态话语分析范式，围绕 2008 年希腊奥林匹亚举行的北京奥运会圣火采集仪式突发事件，对中英两国媒体（即中国媒体"国际在线"和英国广播公司（BBC））的两篇报道进行了图像符号和意义的分析。具体而言，作者选取中英报道中的三幅图像，围绕图像中涉及的三位表征参与者（即北京奥组委主席刘淇、闹事者、警察和闹事者手持的横幅），以及选用这三幅图像的互动参与者（即中英两国媒体），采纳被称之为视觉语法的克瑞斯和范柳文的多模态话语分析理论及包含再现意义、互动意义和构图意义在内的三维图像分析框架，解读事件的表征参与者在两个报道中的不同定位，以及互动参与者如何通过图像符号的选取再现各自对同一事件的不同认知取向和立场。

第 16 章重点探讨了伴随中国改革开放涌现出的一种新型话语实践——基层政府组织征求意见稿。研究案例取自 2009 年 6 月 10 日安徽省亳州市物价局在官网上发布的《亳州市城区自来水价格调整方案（征求意见稿）》。作者采用费尔克劳的话语分析框架，分别对研究文本进行了话语结构分析和互动分析。通过结构分析，尤其是围绕征求意见这一话语实践所产生的机构话语秩序中林林总总的话语和语体之间等级关系和顺序关系的分析（如电视新闻、报纸、网络媒体的新闻报道、评论以及听证会等多种语体形成的语体链分析），作者揭示了政府话语在整个话语秩序中的主导地位以及由此带来的政府强势推销自来水调价方案的单向交际行为。对征求意见稿的话语互动分析包含互语分析（interdiscursive analysis）和语言与符号分析（linguistic and semiotic analysis）。前者探讨了征求意见稿如何吸收并源自相关的话语（如政府话语、公众话语、法律话语以及关于周边地区水价的话语等），并进行回应、重申和再加工，最终形成的过程，而后者则分析了征求意见稿的文本结构、语气、情态、及物性特征，进一步说明了政府单方面推销其调价方案，违背征求意见稿初衷的单向交流倾向。最后，作者结合案例分析，在语体链和内容形式两方面提出征求意见稿撰写过程中应采纳的话语策略。

第 17 章以北方一所高校为研究对象，对包含教育部评估专家小组和受评估学校在内的教学质量评估实践进行批评话语分析。在研究以高校为代表的教育机构话语实践中，作者采用批评话语分析关于权力关系的理论和分析方法，整合已有的关于话语"事件"所处的社会背景知识，对"关于教学质量的话语"（即媒体报道）和"教学质量话语"（即学校自评报告和教学质量评估报告）进行了互语分析，以期解读教学评估报告的生产过程以及这一过程所体现的事件双方不同的话语策略。基于对权力机构性和变化性的认识，作者围绕事件双方对机构性权力、推销语体和使文本化三大策略的使用，记录和再现了处于不同社会秩序的社会主体如何通过选择、组织、再分配包括不同话语和语体在内的话语资源，带来语体链中不同语体形式的转变，最终生成新的话语实践的动态过程。

第 18 章的案例分析涉及 2003 年春中国抗击"非典"斗争中卫生部新闻办公室每天

发布的全国病例报告。作者认为，病例报告不仅是包括表格数字和文字话语等符号资源在内的特定体裁形式，更是社会主体对符号资源（如数字、文字、体裁、结构等）进行再现并重新编码的抗击"非典"的话语实践。基于费尔克劳视话语为社会实践的话语观，作者从两方面分析了 2003 年 4 月 21 日至 5 月 20 日卫生部新闻办公室发布的 30 篇病例报告文本及其生产过程。首先，是对文本的描述，包括段落描述和"话步"结构描述，其次是对话语实践的分析，尤其是话语与"社会关系和社会程序"、话语与"心智现象"两个社会实践时刻之间关系的分析，探讨占据社会实践主导地位的社会主体（此处为卫生部新闻办公室）如何通过对话步的增加、删除及重复等话语实践，干预社会实践，指导抗击"非典"斗争的发展，最终实现权力机构的利益、目的和愿望。

第 19 章以《中国日报》2009 年 1 月 23 日刊登的一篇名为"Bilateral Ties Top Agenda"的文章为例，分析并探讨了批评话语分析在应用语言学，尤其是英语阅读教学领域中的应用价值。作者首先回顾了外语阅读教学的发展历程，指出受语言学理论尤其是语用学理论的影响，外语教学从传统的注重语言分析到注重语用分析，从注重语言形式到注重语言功能的转变。然而，在知识经济到来的今天，作为以知识为基础的新的经济形态，知识经济意味着语言正逐步成为当今社会实践的一个日益突出的组成要素。单纯停留在语言形式或语言功能的外语阅读教学不足以提高学习者解读语言与社会之间错综复杂关系的批判阅读能力和批判思维意识。据此，作者提出了包含话语结构分析、互文性分析和语境分析等方面的批评性阅读教学模式，将对文本详细的微观话语分析（如词汇、句法、篇章结构）与文本产生的社会背景结合，使特定文本与其背后强大的社会、历史和文化情境之间的关系浮出水面，由此推动传统英语阅读教学向注重培养批判思维能力的方向改进。

3. 简评

《批评话语分析：阐释、思考、应用》一书是属于理论与实践价值兼备的社会语言学研究专著。综合来看，本书有如下几大特点：

（一）书中三大主题源于作者十多年独立创作或与包括博士导师、学界同仁、硕士学生在内的合作经历。作者博览群书、学思并重、皓首穷经式的学术生涯可见一斑。该书副标题不仅预示书中三大组成部分，更重要的是凸显了研究者在学术道路上批判借鉴、不囿于西、自出机杼、上下求索的学术精神，而作为国内批评话语分析的践行者，作者的这种学术态度恰恰契合了批评话语分析的理论精髓，即阐释性（阐释话语与社会的辩证关系）、反思性（反思自我及研究对象，批评与自我批评）和实践性（实践研究成果，变革推动社会）。

（二）全书各章节述论结合，侧重不一。不同学科与流派之间的横向对比、同一学科与流派内部的纵向对比、中西国情与哲学思想对比、理论框架与研究方法对比、英汉术语翻译对比等比比皆是。各章节融汇贯通，一脉相承，体现了作者贯穿于全书的写作思想，即对包括话语在内的社会实践的辩证唯物主义世界观和方法论。此外，该书力图经纬交错，在纵向构建适应中国语境的批评话语分析理论框架同时，从横向对不同机构话语文本进行了深入细致的个案分析。体裁涉猎广泛，理论视角独特，研究方法多样。

（三）作为国内批评话语分析的践行者，该书作者亲身感受到了批评话语分析作为西方舶来品在中国经历本土化过程中所遭遇的种种困惑、质疑和阻碍。学术界由此产生的林林总总的"异质语"（heteroglossia）（借用巴赫金的术语）"都是……各自具有目的、意义和价值观念的、关于外部世界的特定的观点，是用词语将外部世界概念化的形式和特定的世界观。它们以对话的形式同时并存、互为补充、相互对立、彼此关联"（Bakhtin，1981: 291-292）。正是在这样的背景下，作者围绕批评话语分析在中国应坚持怎样的立场、研究什么问题、采取哪些研究方法等问题，在相当的高度上开展理论致思和阐发，通过阐释、反思和应用批评话语分析，探索了一种适应中国国情、根植于中国本土的批评话语分析路径，为批评话语分析这一在中国尚未成形的研究领域找到其适当的学科定位，构建其学科理论体系，并丰富从事这一领域研究的方法做出了巨大贡献。

（四）无论从理论建设还是实际运用方面来说，本书不仅是对中国乃至西方学界批评话语分析研究的一个重要贡献，同时也是对中国社会科学领域研究的一个重要贡献。关于当代中国社会变化的宏观社会学研究虽然层出不穷，但"由于受西方社会科学和中国传统学术范式的束缚，只注重对中国'现实'的研究，同样忽视对反映和构成这种现实的言语内容、表达形式、交际策略的研究，因而无法从话语的角度帮助中国政治、经济、外交、文化、教育、科学、法律、传媒等领域的实践者通过语言的运用解决问题，达到目的"（施旭，2008: 136）。从这个意义上讲，作者提出的置于社会历史变革背景下的具有中国特色的批评话语分析路径必将从理论和方法层面为当前中国社会科学注入新的血液，丰富和扩充学科发展。

参考文献:

Bakhtin, M. 1981. *The Dialogic Imagination: Four Essays*. Austin: University of Texas Press.

Fairclough, N. 1995. *Critical Discourse Analysis: The critical study of language*. London and New York: Longman.

Fairclough, N. 1992. *Discourse and Social Change*. Cambridge: Polity Press.

Foucault, M. 1972. *The Archaeology of Knowledge*. London: Tavistock Publications.

Hall, S. 1996. The meaning of new times. In Morley, D. and Chen, K. (eds.). *Stuart Hall: critical dialogues in cultural studies.* London: Routledge.

van Dijk, T. A. 2006. Politics, ideology, and discourse. In Brown, K. (ed.). *The Encyclopedia of Language and Linguistics.* Vol. 9. Oxford: Pergamon Press.

Wodak, R. 2001. The discourse-historical approach. In Wodak, R. and Meyer, M. (eds.). *Methods of critical discourse analysis.* London: Sage.

施旭，2008，话语分析的文化转向：试论建立当代中国话语研究范式的动因、目标和策略，《浙江大学学报》，38（1）：131-140 页。

作者简介：

徐涛，女，山西五台人，北京航空航天大学外国语学院副教授，硕士生导师。研究方向：社会语言学、批评话语研究。

《话语研究论丛》第一辑
2015 年
第 120-135 页
南开大学出版社

书 评

再谈《话语》[*]

Blommaert, Jan. 2005. *Discourse: A Critical Introduction.* Cambridge: Cambridge University Press. pp. xiii + 299 ISBN: 0-521-53531-X (pbk).

◎ 黄璟 兰卡斯特大学

1. 引言

给十年前的著作作书评并不是一件不言自明的事。首先，为什么要讨论十年前而不是上个月刚刚出版的专著或者文集？任何一个学术领域或方向在十年内都可能发展出新的范式。Blommaert 此书的核心观点是置语言活动于整个世界系统的语境中进行观察和思考（P15）。在"全球化"议题渗透到几乎所有社会学科的今天，这一观点似乎是理所当然并无新意的。然而在 21 世纪初，众多学者（Wodak, 2006; Marlone, 2006; Lillis, 2007; Bachman, 2008）都指出这个其时不被话语研究重视的角度有着重要意义。Blommaert 整合一系列理论方法和例子综合论证并说明"全球化"对话语研究的影响。全球化意味着话语被生产、传播、消费并再生产，话语的价值与功能随着这个再语境化（re-contextualization）的过程产生变化，进而折射出权力和资源在其中的作用，以及相关的权力关系和不平等。在今天，学者们十分清楚不可能摆脱全球化这个宏观的社会政治和经济语境去孤立地做研究。加之全球化这个庞大的概念反映出的社会结构在不断变化，关于全球化的话语（discourses on globalization）以及全球化中的话语（discourses within globalization）必然也会相应变化。因此，对全球化和话语之间关系的研究短期内是不会过时的。换句话说，

---

* 通讯作者：黄璟
通信地址：Department of Linguistics and English Language, County South, Lancaster University, Balrigg, Lancaster, LA1 4YL, United Kingdom
电子邮件：hjteddy@gmail.com

作者的观点能在相当长的时间内对话语研究起到重大影响。

其次，这篇书评和其他早年的书评最大的区别是什么？能给读者带来什么新的思考和视角？笔者把这篇拙作与 2005～2008 年的一些相关书评进行比较。它们既有从话语研究、社会语言学、社会学、定性社会科学研究等角度出发的书评，有批评话语分析（Critical Discourse Analysis，简称 CDA）学者 Ruth Wodak 就 Blommaert 对 CDA 的批评进行细致的回应，有就此书和 CDA 另一学者 Norman Fairclough 的 *Language and Gloabalization*（2006）进行的比较，也有刚入门话语分析的研究生对这本书的理解和期望。诸多学者都对 Blommaert 批评 CDA 的小节进行了总结，在这一部分 Blommaert 尝试通过对已有的话语分析视角进行批评性评论，以突显他的方法的不同之处。可惜这些学者大多对 CDA 了解不多，除了 Li（2007）提出此书对 CDA 的批评以偏概全并举出 CDA 不同方向的研究如何探讨了 Blommaert 认为 CDA 没能做的事，大部分学者没能给出有建设性的观点。Wodak（2007）就四个被批评的 CDA 问题逐一进行了回击。它们分别是：CDA 研究只侧重于文本研究却忽略了其他语义形式；CDA 不注重语境的探讨；缺乏对话语生产出来之前和之后各种相关参与者、活动、语境的关注，这些需要长时间深入的民族志田野活动才能实现；CDA 忽视线性历史发展对话语活动的影响。笔者不再讨论这些问题，但是会从 CDA 尤其是 Wodak 为代表的话语历史方法（discourse-historical approach，简称 DHA）出发着重讨论此书对于语境的见解。此外，Bachmann（2008）、Li（2007）和 Upadhyay（2005）突出 Blommaert 对话语受众的重视，当话语被生产之后被哪些人在什么社会环境中如何理解阐释（uptake）和接收（reception）。这体现了 Blommaert 对"语境（context）"的多角度思考，他不仅仅看到孕育出话语的共时宏观社会背景和历时社会发展，也看到具体的话语事件（discursive event）中参与者对话语的影响，以及参与者身处的组织和机制中的习俗和规范对话语间接起到的影响。虽然这种多层级的语境观在此书中没有明确提出，而是更多地体现在他对语境化（contextualization）、去语境化（de-contextualization）和再语境化（re-contextualization）的强调，但不可否认的是 Blommaert 清楚认识到话语在穿越层层叠叠的语境（这些语境彼此之间也有对话）过程中生出各式各样的意义、功能和价值。谈到语言的价值，这是权力和不平等实现过程中必不可少的要素。Upadhyay（2005）、Lillis（2007）、Hodges（2007）和 Bachmann（2008）强调了此书对这一主题的探讨。不同语言或者同一语言的不同变体被社会的指示秩序（orders of indexicality）赋予不同价值和社会意义，这使得不同机构和机制以不同态度对待不同的语言形式，进而导致使用不同语言的个人被区别对待。这个语境下个人使用的语言相当于一个人拥有的语言资源，当他使用的语言在特定语境中价值越高，他就掌握越多的机会；反之，则易处于社会边缘和非主流的境地。笔者指出，事实上在 Blommaert 论述"语言资源"与不平等之间联系的 15 年前，法国社会学家 Bourdieu（1991）已经提出 linguistic capital 这一概念，并对背后的运作机制有详细的论述，有趣的是 Blommaert 对 Bourdieu 的理论并非毫无了解，在意识形态一节他参考了 Bourdieu 的 habitus 概念，却没有提及他的语言资源概念。另外，Lillis（2007）和 Upadhyay（2005）敏锐地捕捉到了 Blommaert 对待数据（data）的严谨态度。的确，在分析材料之前如何收集、挑选和处理它们反映了研究者自身的主观立场或偏见，会直接影响话语分析的结论，哪些材料被看见了、哪些被有意或无意地掩盖了都值得每个研究者认真思考。CDA 学者非常强调材料收集绝不能从自己预设的观点出发挑选那些最合适的数据（cherry-picking，参见 Wodak & Meyer, 2009: 11）。大概是由于 Blommaert 对语言人类学以及民族志方法的偏好，他能对自身的话语分析活动进行反观自省性思考。

由于篇幅限制，笔者不可能对此书做出全方位的分析，也不可能对所有此书的书评进行一一归纳，同时深知会出现论述不够清晰之处，甚或出现谬误，许多概念术语的翻译也未必能传达出原意。但笔者秉持着 CDA 的原则，表明自己的立场和观点，或者说承认自己主观的"偏见"——毕竟没有任何学术研究可以做到中立，并接受批评；着重讨论此书中涉及语境的论述，佐以讨论他对数据的分析，以期呈现给刚入门社会语言学和话语研究领域的研究者们一个看问题的角度，也让话语分析领域的学者多了解一点CDA，尤其是 DHA。

2. 概述

Jan Blommaert 作为一名社会语言学家，有着极为广泛的研究兴趣，除了社会语言学（Sociolinguistics），还研究多个（交叉）领域——话语分析（Discourse Analysis）、民族志（Ethnography）、语言人类学（Linguistic Anthropology）、读写研究（Literacy research[1]），等等。"话语（discourse）"在这些领域中无处不在，乃至在整个社会科学领域，我们都无法绕开它展开研究。他的立场是"批评（critical）"的。在展开对他的论述的介绍之前，我们需要先把 critical 的意指弄清楚。一直以来，我们称 Critical Linguistics、Critical Discourse Analysis 为批评语言学、批评话语分析，critical 对应着"批评的"。然而，这个词的内涵十分宽泛，它既可以是"辨认出、发现（identify）"或"揭露（reveal/uncover）"隐藏在语言中的意识形态或权力关系，可以是"评论（comment）"或"评价（appraise/judge/evaluate）"特定的社会活动和语言行为，亦即从具体的理论或者方法论角度发表对它们的看法，可以是为个人立场和观点进行"辩护（justify）"，可以是对人们认为理所应当的价值观和社会习俗进行"反思（reflect）"，可以是对占统治地位的精英阶层形成的主流话语提出"质疑、抗议（contest）"和发出"反对（dissent）"的声音，也可以是"批评、批判（criticize）[2]"凝固在话语中的对女性的、对弱势群体的定见（stereotype）。Blommaert 尝试对分析话语的研究做一个批评性的思考，他认为话语的相关研究不仅仅在于分析和批评权力，更应对权力的"效果（effects）"做出分析，关注权力的后果是什么，"什么样的"权力"如何"作用于并影响个人、群体和社会。"权力的最深刻影响表现为无处不在的不平等，因为权力在实施的过程中会对实施对象做出区分、选择，包含一些人或事的同时排除另一些。权力通过话语的形态进行实施，导致各种形式的不平等，而不平等反过来又维护着这些权力关系"（P2）。

此书的前三章主要是对话语分析的关键概念、研究对象和研究学派作出厘清和阐述，重点讨论了 CDA 视角以及文本和语境的关系。基于这三章的理论和立场分析，后六章围绕话语分析的一些主要研究对象（不平等、意识形态、身份认同）和宏观社会历史背景进行了深入的讨论。笔者打算从批评话语分析的视角[3] 尤其是话语历史角度对 Blommaert 的观点进行探讨，为 CDA 和 DHA 进行一些辩护，指出他的一些理论和具体分析框架的问题并给出可参考的解决方案，就不平等和身份认同等几个主题给出一些其他学者的看法。

3. 话语

首先，由于语言学转向以及语言学自身的发展，动态的、以语言活动为中心的视角起着越来越重要的作用，话语被视作超越孤立的句子或文本的语言活动。另一方面，语言学与多个学科有着频繁的联系与互动，文学分析、符号学、心理学、人类学、社会学、哲学等等为其提供了多样的养料。当不同的世界观互相对话并融合到一起，学者们呼吁对语言的既有观念和方法进行重新的考察和发现。话语在此书中被定义为"行动着的语言（language-in-action）"，是有意义的符号性行为。Blommaert 认为，从本质上看，话语是社会性的，我们关注的是话语如何成为一个承载社会差别、矛盾和斗争的场地，这些社会活动如何导致各种社会结构的变化（P4）。在这一点上，CDA 和 Blommaert 的立场是一致的。CDA 认为话语是一种社会实践（social practice）、社会过程（social process）或者社会活动（social action）（Fairclough, 2009; Reisigl & Wodak, 2009; van Dijk, 2009）。由于不同认识论的立场，话语在 CDA 各家的理论体系中有着不一样的内涵，并且和文本（text）有着明确的差别。以 DHA 为例，话语有着四层内涵。它是一系列基于语境的语义实践，出现在具体的社会活动领域中；它既是组成社会的元素又由社会组成；它和宏观的社会议题紧密相关；它与有效性声明的争辩（argumentation about validity claims）[4] 相联，由拥有不同立场和观点的社会活动者（social actor）发出。在 Fairclough 看来，话语是制造意义的，是社会过程的一部分；是在具体的社会领域进行实践的语言（譬如政治话语）；是从具体的立场出发分析社会某些现象的方式（譬如关于全球化的新自由主义话语）（2009: 162-163）。Jäger 和 Maier（2009: 38）以福柯的理论为基础，认为话语是一种制度化的方式，用于调节社会活动进而实施权力，它服务于权力的实施；话语并不是由人的主体生产出来的，相反，话语生产了主体。沿袭文本语言学（Text Linguistics）和话语研究（Discourse Studies）的传统，Wodak（2008: 6-7）认为 Lemke 对话语和文本的区分十分有指导意义，话语指那些"在具体的情境中用语言和其他符号意义系统去生产意义的社会实践"，而文本是"这些话语的具体的语义特点"；话语包含了知识的共性和结构，而文本是话语具体的独特的实现形式，是体裁（genre）范畴的。

4. 批评话语分析概观

Blommaert 在第二章中对 CDA 做出了多方位的述评，分析了 CDA 的起源、研究目的和方向、与社会理论的关系，重点分析了 Fairclough 一派的理论和方法论，介绍了学界对 CDA 的主要批评，提出了他自己对 CDA 的批评。他对 CDA 的研究目的的表述比较到位。它致力于研究社会制度中语言与权力、意识形态的关系，希望揭露社会的不平等，给予弱势群体以应有的权力，主要关注政治话语、意识形态、全球化背景下的经济领域话语、广告和促销文化、性别议题、社会机构中的话语、教育等等。CDA 起源于英国的东安格利亚大学，以 Fowler 和 Kress 为代表的批评语言学（Critical Linguistics）派是批评话语分析的起源。除此之外，基于 Halliday 的系统功能语法，Fairclough 的 *Language and Power*（1989）的问世是 CDA 的里程碑。然而这些并未描绘出 CDA 的全貌。在主题方面，身份政治、移民、多模态符号、大众传播话语、新媒体话语尤其是社交网络语言、知识经济（knowledge-based economics）影响下的全球化和竞争话语等等也是发展到今天的 CDA 关注的焦点。需要强调的是，CDA 作为一个大的范式经过了 20 年的发展，有这样一些主要的视角，见下图（Wodak, 2013: xxxv）。

Wodak 和 van Dijk 等学者致力于从社会心理学、社会学、人类学、修辞学、政治学甚至哲学等多个角度去阐释话语，跨学科是 CDA 的主旨之一。话语历史方法（DHA）的理论基础之一是法兰克福学派，Horkheimer、Adorno 尤其是 Habermas 的语言哲学和语用学理论对 DHA 三个维度的批评模型（对文本内在结构的不一致和矛盾进行批评 immanent critique，对到处渗透的所谓"常态的"实际上"操纵性"的话语实践去神秘化 socio-diagnostic critique，提出改善问题的设想和方法 prospective critique）有着重要的影响（Forchtner, 2011）。DHA 的兴趣在于通过以回溯推理论证（abductive）的方法考察书面的、口头的和视觉的语义材料，对意识形态和权力进行去魅，试图揭露种种社会不平等。它以解决问题为导向（problem-oriented，参见 Wodak, 2001a: 69; Wodak & Meyer, 2009:

3），因此必须做到跨学科（interdisciplinary）或者说广纳百家之长（eclectic）。DHA 学者们深刻地了解到自己的研究不可能避免主观的立场甚或是偏见，他们有责任做到明确清晰地阐释自己的立场并不停地自我反思（self-reflective，参见 Wodak, 2001a: 64），这点和 Blommaert 不谋而合，他认为"话语分析的真正挑战是在持续不断的自我批评和反思过程中通过观察我们的研究对象的变化方式而重新调整我们的学科"（P238）。自我反思其中关键的一点就是从历史的、社会的、政治的、心理的等层面出发对同一个研究对象给出多角度的看法，这有助于避免过于主观和囿于某一学科的孤立观点；另外，自我反思也体现在收集和分析材料时避免根据自己的假设选择最适合自己的语言数据（Wodak & Meyer, 2009: 4）。DHA 把各学科的理论来源系统性地运用到语料的分析和阐释中。从宏观到微观来看，最高层面的理论是认识论；继而是"宏大理论（grand theories）"，它们是把社会结构和社会行为、现象联系起来的概念方法和理论；接着是"中等理论（middle-range theories）"，它们关注某个特定的社会议题或者社会范畴，比如关于认知、社会网络，或者经济、政治和宗教等等的理论；然后是微观的社会和社会心理学理论（micro-sociological theories and socio-psychological theories），它们尝试解释具体的社会互动、社会行为和问题；这个系统最基础的一部分是具体的话语理论和语言学理论（Wodak, 2001a: 69; 2008: 12）。

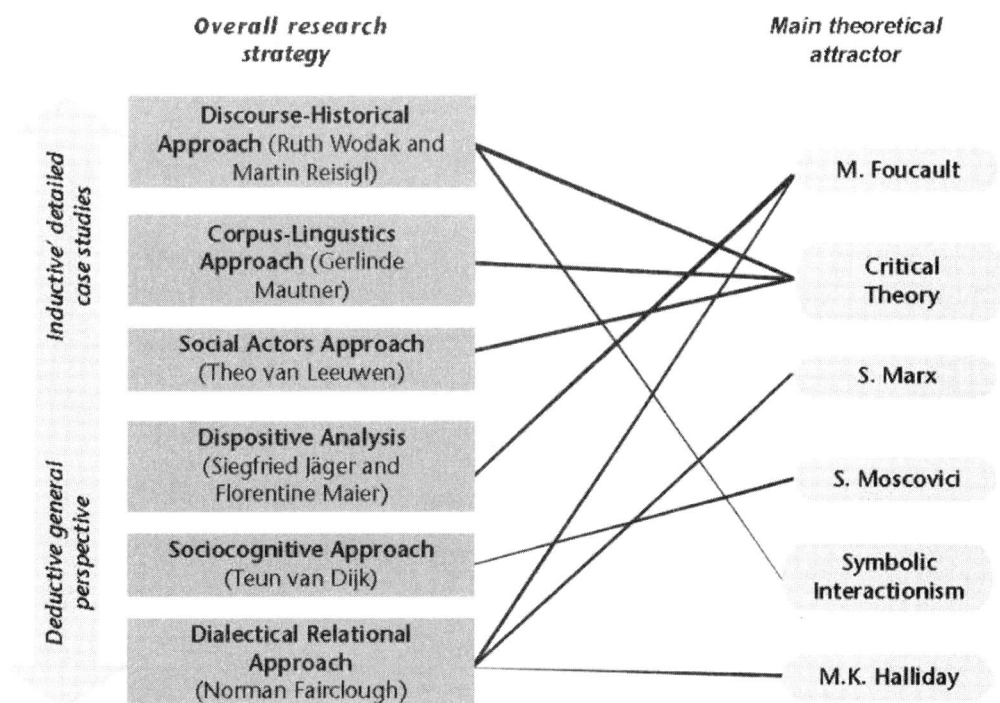

5. 语境

话语这一概念一旦离开"语境（context）"就无法存在。Blommaert 参考了 Gumperz（1982）的"语境提示"（contextualization cues）概念。从微观层面看，在任何形式的对话或者互动中，发话者需要利用各种形式的语境提示去暗示或表明自己的立场以及这场对话的性质和目的，令对方理解或者按照自己的本意去读懂自己的话。语境化（contextualization）涉及每个人在社会化过程中受社会规约（conventions）影响建立起的对特定事物的前见和固有看法，这些看法作用于互动的每个参与者（participants）[5]，形成了"语境化规约系统"（systems of contextualization conventions）。在笔者看来，这套系统的运作方式是，由于社会行为和文化的各种规范根植于个人的世界观和价值观中，在个人进入不同的语境时它们自然而然地因应语境之特点提醒参与者使用符合该语境的常规的语言材料和技能（repertoire）以及其他意义符号去暗示或者表达意图，并且利用合适的语言活动去调整或者建构合适的语境，另一方参与者根据相应的前见去感知（perceive）、理解（interpret）并作出回应，前者继而给出回应，如此往复。Blommaert 提出三个容易被忽视的问题。首先，这样的互动并不尽然建立在互相合作的基础上；其次，大多数时间参与者并不共享同一套文化和价值规约。他举出了"阳台（balcony）"一词在不同参与者的阐释过程中经历语义演变而导致对话中断的例子。当 balcony 被置于荷兰语的文化系统中，脱离了英语世界的语境（de-contextualization），被赋予了新的语境（re-contextualization），它成为了一个粗鲁的带有歧视意味的暗示女性胸部的词，造成同行的女性研究人员对使用这个词的 Blommaert 的误解。最后，参与者的地位也往往是不平衡的[6]，例如在医生—患者、律师—委托人的关系中，权力和地位的差异会反映在互动的每一个片段中（P44-45）。

Blommaert 的注意力不仅仅在微观的语用角度的语境上，他企图通过批评"会话分析"（Conversation Analysis，简称 CA）以及强调语言资源（linguistic resource）把微观和宏观的语境连接起来。对于会话分析（CA），他指出其简单地把语境和会话等同了起来。会话分析研究者崇尚"自然的、本真的""世俗的"口头语言，认为他们的抄写、转录和解释真实地再现了参与者自身的态度和观点；他们只关注会话过程中出现的确切的语言实践生产的意义，却忽略了研究者自身的阐释已然对语言材料进行了再语境化，而且忽视会话外的、隐藏着的其他社会因素对参与者的语言实践的影响。后者呼应了学界对会话分析的主要批评，会话分析被限制在一个狭小的视野内，看不到宏观语境中身份、权力和社会资源对互动起到的重要作用。针对如何联系微观和宏观语境，Blommaert 提出几个"被忽视的语境（forgotten contexts）"，其一就是社会结构中的资源以及人们接触各种资源的机会或掌握各种资源的程度。在本书中，Blommaert 详细分析了难民在比利时申请避难失败的原因。因无法流利使用英语、法语或者荷兰语，他们提供的逃难原因的合理与正当性受到怀疑，个人背景和申请理由被主观地翻译、零落地记录并归档，最终无法通过申请。可见个人拥有的语言资源的差异在具体语境下影响着语义的解读进而影响个人是否有机会"发声（voice）"——在跨越不同的语境和语言市场的情况下，是否能够使话语被理解、实现其功能并具有相当的影响力和权力（P69）。虽然 Blommaert 在阐述语言资源时仅仅一笔带过 Hymes 的相关研究，事实上这是近几十年来社会语言学家和话语分析学者开始侧重的研究方向。例如，Bourdieu（1991）参考经济学角度的资本（capital）概念，把个人或群体在语言市场中有能力使用价值和地位高的语言的能力称为语言资本（linguistic capital），这直接决定个人或者群体在社会事务中的话语权。Heller（1992, 1995）把这一理论运用于加拿大英语—法语双语地区魁北克的语言研究。当英语和法语的社会地位随着社会结构和语言政策的变化而出现变化后，说话者使用的语码转换（code-switching）是一种通往更多资源的权力符号，在对话中语码转换是他们用于争取对话中控制权的工具，也是争取社会地位、权力甚至建构身份的方式。双语者（bilinguals）利用这一语言资源与相似背景的人结成情感或者资源的联盟，这一能力是他们处理涉及各种社会机构（institutions）的事务时获得更多机会的筹码。

　　相对 CA 和 Blommaert 提出的宏观微观模式，CDA 看待语境的视角是双向的，"自上而下（top-down）"的同时"自下而上（bottom-up）"（van Dijk, 1993: 250），既探讨拥有权力的小部分精英阶层（elites）对社会的主导、支配和统治（dominance）如何反映在具体的话语（策略）中，也关注大部分普通人的话语活动，从中反映出他们如何被动接受、反抗和建构/重构话语体系和权力关系；同时，DHA（Meyer, 2001: 29; Wodak, 2001a: 67; Wodak, 2008: 13; Meyer ＆Wodak, 2009: 13; Wodak, 2011: 628-629）认为语境是多层次的，从微观层面最小单位的文本上下文开始，向宏观层面延伸的语境分别是：文本、话语与其前的相关文本和话语之间的联系和"对话"，话语研究对象以外的话语活动环境和各种社会变量，话语活动的社会政治和历史背景。同时，话语既存在以及受限于一定社会语境和条件中（socially conditioned），又是社会语境的基本组成要素（socially constitutive）（Wodak, 1997, 2001a；Reisigl & Wodak, 2009），话语实践可以通过它们对事物的再现（representation）和对个人的定位和身份的建构实现对不平等的权力关系的维护和（再）生产。由此可见，在结合微观宏观语境的基础上，DHA 对于语境的思考更为系统，观察到话语和文本与不同层面语境互动的复杂关系。

　　Blommaert 同样意识到了不同层次的语境对话语的影响，只是他侧重于研究话语在穿越不同语境这一过程中意义的生产和变化。这是第二个"被忽视的语境"：跨语境的文本系列（text trajectories）。承接上文比利时难民申请的事例，通过分析驳回申请的官方信函，他指出难民的申请会经历一系列不同语境形成不同体裁的文本，在此过程中他们的故事和陈述被总结、再阐释、转述，措辞会因官方申请程序对体裁的要求而改动，故事框架也会因应官方的"真实"和"可信度"标准而进行调整；再者，由于资源的不平衡，如果申请者不能使用标准的书面荷兰语或者法语，自述会被翻译，其中无法被识别或者无法看懂的部分也许会被删除或者改动。诸如此类活动产生的一系列文本组成了整个申请过程，而往往因为这样的再语境化原意被碎片化、被删减，无法自圆其说。DHA同样重视这个再语境化（recontextualization）过程，特别看重其中的互文性（intertextuality）和互话语性（interdiscursivity）两类联系。源自 Bakhtin（2006）对小说语言的对话性（dialogism）讨论，其后 Kristeva 对这一概念进行总结和加工，提出"互文性"这一术语。它指的是口头话语和书面文本中的任何讨论都不可避免地被前人讨论过，这些文本与之前的相关文本相呼应同时又有变动；互话语性指的是每个话题都能衍生出或者联系到其他话题，我们讨论某一话题 A 时提及一个相关话题 B，而 B 话题是前人讨论 C 话题时衍生出来的话题。这种文本和话题之间无限地互相提及和呼应的过程，或者说"对话"，不停地生产出新的意义；在每一次讨论到曾经被讨论过或涉及过的文本和话题时它们被一次次地再语境化（recontextualization）。可见，这并不是一个被忽视的语境。例如，Wodak（2001b The "Austria First" Petition 一节）用图表佐以分析呈现出这一过程，讨论抱持排外主义的奥地利右翼政党 FPÖ 在 1999 年选举成功过程中一系列话语活动。另外，互文性在 DHA 中也包含着历史性的内涵，它不仅仅揭示了语境的变化如何令相互关联的文本、话语或体裁生产出新的意义，关注这个过程本身就是对历史性的强调。Wodak, De Cillia, Reisigl 和 Liebhart（1999: 187）这么描述话语的历史性和互文性，"任何话语都总是历史的，无论是共时还是历时层面它都和其他语言事件和话语相联系，这些相关联的事件和话语在它之前发生或者与它同时发生"，也就是说，具体的话语、文本或者体裁的变化总是因应和伴随着时间的、历史的变化而出现的。这恰恰对应着第三个"被忽视的语境"体现出来的 Blommaert 对语料历史变化的重视。鉴于 Wodak 已经在其书评中讨论了"历史性"，这里不再赘述。可见，Blommaert 认为被忽视的几个语境都在 CDA 的框架之中，之前他提出对 CDA 的批评似乎基于他对 CDA 文献较狭窄的阅读量和片面的理解。

6. 不平等

Blommaert 尝试在 Gumperz，Berstein 和 Bourdieu 的理论基础之上建立一个有关话语与不平等之间的关系理论。三位学者已然指出了语言的差异作用于生产、建立和维护统治和权力，只有在语言市场这个语境（比如当代的民族国家 nation-state、同龄人群体 peer group 等等）中被公认是标准的、主流的语言变体（language varieties）才能获得最多的认同，拥有最大化的价值和功能，并且能进一步强化它官方或者标准语言的地位，而边缘的语言变体只能处于劣势的地位。他具体阐释了这个过程如何在微观和宏观两方面同时运作。例如，在许多热爱嘻哈文化的青少年群体中形成了以嘻哈术语为主导的话语习惯，成员们实践这套模式既表明自己的身份立场，又出于身处其中必须践行规范的要求。然而这套语言模式往往和整个社会的规范语言是背道而驰的，当他们置身于更大的社会语境中，他们的语言变体就显示出对社会主流规范的违背和叛逆，往往为主流社会所轻视。所以同一套语言变体在穿越不同层级的社会语境时，由于未必能符合特定语境的指示（indexicality）、导向或要求，被赋予不同的社会价值和功用。在某些微观层面占主导地位的语言变体在高层的社会语境中得不到重视，而相对地，国家的官方语言或用语规范在微观层面容易被边缘化。其中两个因素最为关键：接触或使用特定语言形式的机会、接触和进入特定语境的机会（P75-76）。不平等或者能否"发声"的根源就在于个人或群体使用的特定语言变体在具体的语境中能否被承认、重视或认可，它们能否进入另一个重视这些语言变体的社会语境。某些语言资源能够轻而易举地穿越社会空间和地理空间而实现语义价值，但另一些受限很大，只能在一个小范围内活动。回到上述的比利时难民一例，由于许多难民在书写申请避难的文书时，仍然遵循着长期以来的书写习惯和规范，这些习惯和规范只在他们国家、他们所处的特定群体中拥有最大的价值，许多的词汇以非标准的形态（口语词、缩写、单引号代替部分音素等）出现，因此比利时处理难民事务的机构认为他们不具有使用某种规范语言的能力，他们的陈述有疑问，甚至他们的身份不真实。

然而 Blommaert 并未深入探讨这样的指示秩序是如何架设起来的，相比之下 Bourdieu 在 *Language and Symbolic Power*（1991）中对背后的原因作出了思考。在他看来，特定的社会语境/语言市场不是占统治地位的阶层独立建立起来的，它是统治阶层和被统治的、拥有少数权力的大多数人共谋（complicity）的产物。语言市场建立的前提是个人性情和素质（disposition/habitus）的形成，这个长期、缓慢的形成过程中主导的社会价值观以潜移默化的形式镌刻在每个人的性格、态度、思维、认知中，因此标准规范的和地位更高的语言形式对于每个人都是"常识"，精英/统治阶层便实现了其符号统治（symbolic domination），既规定了语言市场中哪些是合法的、有效的、有价值的语言资源/形式（linguistic capital），又使成员们无意识地遵循并巩固这一规则。

7. 历史、意识形态与身份认同

到目前为止，语境这个概念已经一步步地从最小层面的上下文（co-text）上升到整个社会结构的规则和约束。而与空间维度交叉的时间维度中，"历史"在话语意义的实现中扮演着重要角色。Blommaert 认为这体现在"压缩后的同时性（condensed synchronicity）"和"层叠的同时性（layered simultaneity）"。由于互文性，我们不可避免地参考或者引用历史上相关主题的文本或话语（discourse **on** history），但这些参考话语本身的历史立场（discourse **from** history）常常被遗忘或者刻意地掩盖。"同时化（synchronization）"是权力实施的策略之一，它把一套话语涉及的不同历史语境和立场压缩成同时存在的各种情境，生产出意义清晰（transparent）、连贯（coherent）和逻辑性强（logical）的话语。这种话语对于大众来说接受度非常高，因为它简化了话语背后差异性的各种背景、说话者特有的立场，给人简洁明了的印象，营造出一个只属于"现在"的可触可感的经验现实。但层层叠叠的语境和历史性一旦被消减和隐藏，话语就成为了工具，为了生产预设的意义和争夺话语权而存在。意识形态既是这个过程的产物同时又是它的基石。具体的意识形态是我们口中的各种"主义"，个人和群体可以依附于它们成为各种"主义者"；更为笼统和整体的意识形态渗透和弥漫在社会结构和社会群体的肌理中，是我们日常生活中想当然的观念，它们以一种中立的、意识不到的、看不见的形式告诉我们什么是不言而喻的、正常的、自然的思维和行动模式。它既能被有意识的、有计划的和创造性的活动生产出来，也可能作为前见被不断地再生产（reproduce）。前者使同一个话语（主题）被置放于不同的语境中，带上新的意义，服务于特定的群体或阶层，后者作为固定的文本（fixed text）稳稳扎根在任何改造过的、附着上新的意涵的话语中。此书中举例，欧洲许多国家的左右翼政党都声称希望移民融合（integrate）进整个民族—国家，然而截然不同的立场生产出的异质的（heterogeneous）意识形态都利用同质的（homogeneous）"融合"概念为它们创造了合理化的条件，为主观的有偏向的立场做良好的掩护。

身份认同无论在社会学、心理学、政治学还是哲学范畴都有着不可计数的研究。Blommaert 的立场基本上是建构主义的，他认为身份不是静止的、同一的概念，不能等同于被归类好的各种社会类别（性别、种族、年龄、职业等等），而是一个话语建构意义的过程。个人或者群体所处的地理层面上的空间以及社会层面上的空间/地位影响着身份实践，它们决定着个人能如何运用手头可用的资源去再现以及定位自己和他人。另一个决定性的因素要数多元中心和层级性的世界系统，它们各自建立的意义中心和规则限制了不同资源的功能和价值实现，进而限制了不同身份得以呈现和实践的范围和程度。一方面，他认为身份认同作为一项语义实践/表演（practice/performance）并不需要人与人之间的直接面对面交往作为必要条件，质疑 Erving Goffman（1971）的观点——自我是通过日常的对话交流仪式建立起来的，但他似乎犯了自己曾经指摘别人的错误，忽视了身份建构过程中必要的语用因素；另一方面他又赞同 Goffman 在 1979 年提出的 footing[7] 理论，认为个人对自己的身份定位要从特定场景下的认知、道德、情感立场出发，因应不同对话者、对话主题和个人态度变化而表达的话语反映着碎片化的各种身份。二者这么看来是自相矛盾的。不过，无疑，多元的、层叠的、跨地域和文化的语境始终是身份认同的制约因素。

8. 结语

纵然在介绍中，Blommaert 表示希望"整合"各个角度的批评方法，但这本书实际上从批评的立场出发对话语与语境的相关理论和研究焦点做了一个概述，并以他自己的材料和研究进行翔实的说明。他呼吁话语分析的学者融合多学科的视野，从侧重文本分析的角度跳脱开来，摆脱依赖于自己经验而形成的思维惯式，从全球化、多元文化的背景去思考话语实践。概而言之，"语言是由意识形态决定的资源和社会实践，它的意义和价值产生于特定的历史背景下，受限于社会组织的过程"（Heller, 2007: 2）。出现在 Blommaert 另一篇文章中但未在本书点明的一个观点可看作是此书的延伸。他认为，目前的话语研究往往只关注某一种语言的话语实践，除了语码转换研究之外少有对于语言变体的话语研究。在多语和双语（multilingualism, bilingualism）现象已占主导的当代全球化社会，单语（monolingualism）研究显得太苍白，指示秩序和多元中心概念应该在多语和双语的话语研究中起主要作用（2007: 116）。毫无疑问，社会语言学和话语分析是互相交织的两个领域，只有把二者的视角整合在一起才能看清楚当代全球化语境下碎片化的复杂多元的话语现象。最后，我相信，正如 CDA 的目标在于解构"常识"，探讨如何对这些习以为常的既定观念去神秘化，以及揭示话语产品如何被生产出来、带着怎样的意识形态目的，当代所有从批评角度出发的社会科学研究者都带着这样一个观点去看待话语和社会结构："……拒绝接受长期以来大家习以为然的关于世界如何形成的观点，我尝试去解释和揭示日常生活中一些普通平常的（ordinary）事物实际上有着怎样非同寻常的（extraordinary）结构和形成原因。"（Silverstein, 2013: 48）

注释：

1 Literacy research 源于英语国家（主要是英国与北美），关注长期以来被重视口头语言的社会语言学忽视的读和写两方面语言实践。最初相关研究集中于课堂英语教学中的语言阅读和写作，已逐渐发展到囊括与读写相关的各种语言实践。参见 *Literacy in Theory and Practice*（Street, 1984）和 *Literacy*（Barton, 1994）。

2 虽然 critical, critique 有多种意指，但本文在表述时沿用习惯性的"批评"一词，除非在特定语境中需要明确指出各种不同的行为。

　　3　批评话语分析不能被称为一种方法、学派或理论，因为它包括从不同的认识论立场、学科、理论和方法论出发的多种研究范式，比较合适的说法是视角或者立场（perspective）（Wodak, 2001b; van Dijk, 2013）。

　　4　参见 Habermas, Jürgen. 1984. *The Theory of Communicative Action. Volume 1. Reason and the Rationalization of Society*. T. McCarthy. Trans. London: Heinemann.

　　5　此处避免使用说话者（speaker）和听者（listener），因为在对话或者互动的过程中，这两个概念的设定不应被视作理所当然，参见 Goffman, E. 1979. Footing. *Semiotica*. 25:1/2, 1-30.。

　　6　此处 Blommaert 对 Grice 的合作原则提出质疑，认为交流沟通的参与者不可能对同样的语境有着相同的掌控，有的参与者能接触并进入一些语境，另一些人却没有机会。

　　7　footing 指的是个人对事件的结构和框架形成的认知。一个人改变 footing 就意味着他/她改变对自己和对他人的态度和立场，改变反映这些态度和立场的话语和行为表达方式。每个人在与他人的对话和互动中都在不停地改变 footing。参见 Goffman, E. 1979. Footing. *Semiotica*. 25:1/2, 1-30.

参考文献：

Bachmann, I. 2008. Review of *Discourse: A Critical Introduction*, by Blommaert, J.; *Discourse and Globalization*, by Fairclough, N. *Qualitative Social Research*, 9(1): art 36. http://www.qualitative-research.net/fqs/

Bakhtin, M. M. 2008. *The Dialogic Imagination: Four Essays.* Austin: University of Texas Press.

Barton, D. 1994. *Literacy: An Introduction to the Ecology of Written Language*. Oxford: Blackwell.

Blommaert, J. 2005. *Discourse*. New York: Cambridge University Press.

Blommaert, J. 2007. Sociolinguistics and Discourse Analysis: Orders of Indexicality and Polycentricity. *Journal of Multicultural Discourses*, 2:2, 115-130.

Bourdieu, P. 1991. *Language and Symbolic Power.* Cambridge: Polity Press.

Fairclough, N. 1989. *Language and Power*. London: Longman.

Fairclough, N. 2006. *Language and Globalization*. London: Routledge.

Fairclough, N. 2009. A Dialectical-relational Approach to Critical Discourse Analysis in Social Research. In Wodak, R. & Meyer, M. (eds.). *Methods of Critical Discourse Analysis* (2nd edition). London: SAGE. 162-186.

Fortcher, B. 2011. Critique, the Discourse-historical Approach, and the Frankfurt School. *Critical Discourse Analysis*, 8:1, 1-14.

Goffman, E. 1971. *The Presentation of Self in Everyday Life.* New York: Penguin Books.

Goffman, E. 1979. Footing. *Semiotica*, 25:1/2, 1-30.

Gumperz, J. 1982. *Discourse Strategies.* Cambridge: Cambridge University Press.

Habermas, J. 1984. *The Theory of Communicative Action. Volume 1. Reason and the Rationalization of Society.* T. McCarthy. Trans. London: Heinemann.

Heller, M. 1992. The Politics of Code-switching and Language Choice. *Journal of Multilingual and Multicultural Development*, 13(1/2): 123-142.

Heller, M. 1995. Code-switching and the Politics of Language. In Milroy, L. & Muysken, P. (eds.). *One Speaker, Two Languages.* Cambridge: Cambridge University Press. 158-174.

Heller, M. (ed.). 2007. *Bilingualism: A Social Approach.* Basinstoke: Palgrave Macmillan.

Hodges, A. 2007. Review of *Discourse: A Critical Introduction*, by Blommaert, J. *Discourse & Society*, 18(1): 115-117.

Jäger, S. & Maier, F. 2009. Theoretical and Methodological Aspects of Foucauldian Critical Discourse Analysis and Dispositive Analysis. In Wodak, R. & Meyer, M. (eds.). *Methods of Critical Discourse Analysis* (2nd edition). London: SAGE. 34-61.

Li, S. 2007. Review of *Discourse: A Critical Introduction*, by Blommaert, J. *Discourse Studies*, 9(2): 288-290.

Lillis, T. 2007. Review of *Discourse: A Critical Introduction*, by Blommaert, J. *International Journal of Applied Linguistics*, 17(1): 146-152.

Marlone, M. J. 2006. Review of *Discourse: A Critical Introduction*, by Blommaert, J. *Journal of Sociolinguistics*, 10(1): 123-127.

Meyer, M. 2001. Between Theory, Method, and Politics: Positioning of the Approaches to CDA. In Wodak, R. & Meyer, M. (eds.). *Methods of Critical Discourse Analysis*. London: SAGE. 14-31.

Reisigl, M. & Wodak, R. 2009. The Discourse-historical Approach (DHA). In Wodak, R. & Meyer, M. (eds.). *Methods of Critical Discourse Analysis* (2nd edition). London: SAGE. 87-121.

Silverstein, D. 2013. What counts as qualitative research? Some Cautionary Comments. *Qualitative Sociology Review*, 9(2): 48-55.

Street, B. 1984. *Literacy in Theory and Practice*. Cambridge: Cambridge University Press.

Upadhyay, S. R. 2005. Review of *Discourse: A Critical Introduction*, by Blommaert, J. Published on *Linguistlist*, 30 July 2005. Retrieved on 28 January 2015. http://linguistlist.org/issues/16/16-2299.html

Van Dijk, T. 1993. Principles of Critical Discourse Analysis. *Discourse & Society*, 4(2): 249-283.

Van Dijk, T. 2009. Critical Discourse Studies: A Sociocognitive Approach. In Wodak, R. & Meyer, M. (eds.). *Methods of Critical Discourse Analysis* (2nd edition). London: SAGE. 62-86.

Van Dijk, T. 2013. *CDA is Not a Method of Critical Discourse Analysis*. Published as Debate on Association for Studies in Discourse and Society. http://www.aediso.org/

Wodak, R. 1997. Critical Discourse Analysis and the Study of Doctor-patient Interaction. In Gunnarsson, B.-L., Linell, P., and Nordberg, B. (eds.). *The Construction of Professional Discourse*. London: Longman. 173-200.

Wodak, R. 2001a. The Discourse-historical Approach. In Wodak, R. & Meyer, M. (eds.). *Methods of Critical Discourse Analysis*. London: SAGE. 63-94.

Wodak, R. 2001b. What CDA Is About—A Summary of Its History, Important Concepts and Its Developments. In Wodak, R. & Meyer, M. (eds.). *Methods of Critical Discourse Analysis*. London: SAGE. 1-13.

Wodak, R. 2006. Dilemma of Discourse (Analysis). Review of *Discourse: A Critical Introduction*, by Blommaert, J.; An Introduction to *Discourse Analysis: Theory and Method*, by Gee, J. P.; *Discourse*, by Mills, S.; Introduction to *Discourse Studies* by Renkema, J.; Text, Context, Pretext: Critical Issues in *Discourse Analysis* by Widdowson, H. G. *Language in Society*, 35(4): 595-611.

Wodak, R. 2008. Introduction: Discourse Studies—Important Concepts and Terms. In Wodak, R. & Krzyzanowski, M. (eds.). *Qualitative Discourse Analysis in the Social Sciences*. Basingstoke: Palgrave Macmillan. 1-29.

Wodak, R. 2011. Complex texts: Analysing, Understanding, Explaining, and Interpreting Meanings. *Discourse Studies*, 13(5): 623-633.

Wodak, R. 2013. Critical Discourse Analysis: Challenges and Perspectives. In Wodak, R. (ed.). *Critical Discourse Analysis*. Volume 1. London: SAGE. xix-xlii.

Wodak, R., De Cillia, R. Reisigl, M., and Liebhart, K. 1999. *The Discursive Construction of*

National Identity. Edinburgh: Edinburgh University Press.

Wodak, R. & Meyer, M. (eds.). 2001. *Methods of Critical Discourse Analysis.* London: SAGE.

Wodak, R. & Meyer, M. (eds.). 2009. *Methods of Critical Discourse Analysis* (2nd edition). London: SAGE.

Wodak, R. & Meyer, M. 2009. Critical Discourse Analysis: History, Agenda, Theory and Methodology. In Wodak, R. & Meyer, M. (eds.). *Methods of Critical Discourse Analysis* (2nd edition). London: SAGE. 1-33.

作者简介：

黄璟，兰卡斯特大学（Lancaster University）语言学与英语语言系博士生。研究方向：批评话语分析、多语和双语、语言意识形态、移民身份认同、语言政策。

《话语研究论丛》第一辑
2015 年
第 136-143 页
南开大学出版社

书　评

《如何进行批评话语分析——多模态导论》述评*

Machin, David and Mayr, Andrea. 2012. *How To Do Critical Discourse Analysis: A Multimodal Introduction.* Los Angeles, London, New Delhi, Singapore and Washington DC: SAGE. ISBN: 9780857028921. pp. 236

◎ 韩存新　　厦门大学外文学院
◎ 纪玉华　　厦门大学外文学院

　　传统话语分析比较关注语言本身的研究，而对同样参与意义建构的其他符号模式如图像、声音等则重视不够。例如：语言学家可能会对广告中的语言进行细致的分析，但是对于同样参与意义建构的其他模态（如插图、字体字号、排版版式等视觉特征）则不太重视。新闻语篇同样如此。很多时候新闻语篇都是图文并茂，但是语言学家们可能会过多地关注其中的"文"，而对"图"以及图文的组合方式则不太关心。可喜的是，不少语言学家已经注意到这种"重文轻图"的现象并着力改观，因为他们逐渐意识到意义的交流并不单单是靠语言来独自完成的，更多时候是靠多种符号协同合作完成。尽管视觉分析是媒体和文化的传统研究领域，但是有不少语言学家，比如 Kress 和 van Leeuwen（1996，2001）、O'Halloran（2004）、Baldry 和 Thibault（2006）等，已经开始探索如何借鉴和吸收批评话语分析中的一些研究方法来对多模态话语进行精确、系统的分析。他们开始审视语言、图片以及其他交际模态（如玩具、纪念碑、电影、声音等）如何协同产生意义。遗憾的是，他们当中没有一人采用批评的方法，即以揭示隐藏的意识形态为目的的方法。"就像话语分析的发展终将涉及社会批评这个话题一样，研究多模态话语

* 通讯作者：纪玉华
联系地址：福建省厦门市（361005）厦门大学外文学院
电子邮件：yuhuaji@xmu.edu.cn

体现的话语秩序、意识形态、社会关系、社会实践等是多模态话语分析必然的发展方向"（李战子，2012：6）。从这一点上来看，由 Machin 和 Mayr 两位学者合著的，由 SAGE 公司于 2012 年出版的《如何进行批评话语分析——多模态导论》（*How To Do Critical Discourse Analysis: A Multimodal Introduction*）一书，可以说是来得非常及时的一部开拓性的力作。该书的第一作者 David Machin 目前是瑞典厄勒布鲁大学（Orebro University）媒体与传播学院的教授。他著述颇丰，主要研究如何运用语言学的方法来审视其他交际模态，相关专著包括 *Introduction to Multimodal Analysis*（2007），*Analyzing Popular Music*（2010），合著包括 *Global Media Discourse: A Critical Introduction*（2006），*Media and Communication Research Methods: An Introduction*（2013）。该书的第二作者 Andrea Mayr 是英国女王大学（Queen's University）英语系讲师。她的研究兴趣主要集中在话语分析上，专著有 *Prison Discourse: Language as a Means of Control and Resistance*（2003），合著有 *The Language of Crime and Deviance: An Introduction to Critical Linguistic Analysis in Media and Popular Culture*（2011）。本文所要评介的图书只是两位作者合著中的一本。他们二人一位是媒体传播方面的专家，而另一位是话语分析家。二者在专业知识上的互补正好契合了该书的跨学科特征（即媒体传意与语言学），也为该书的写作奠定了良好的基础。总的来讲，该书结合了非常丰富的个案研究案例，系统而全面地介绍了多模态批评话语分析（MCDA）的理论基础、基本思路和研究方法，可以说体现了多模态批评话语分析的最新研究成果。虽然有关多模态话语的专著不少，但是从批评话语分析的视角来分析多模态话语的著作却不多见，因此该书值得读者们注意。

1. 内容介绍

该书除了引言和结论部分，一共由八章构成，书的末尾还附上了术语表和索引，方便读者使用。第一章介绍了该书的主要理论基础源自韩礼德的社会符号学理论。根据这种理论，语言是一套人们可以利用的系统的符号资源。人们根据具体的社会语境从符号系统中做出选择以满足自己的社会需要。因此，每一种选择都具有一定的意义和功能，即系统功能语言学所常说的"选择即意义"。第二章到第八章分别从词汇、引述动词、身份、及物性、名物化/预设、修辞/隐喻、真值/模态/模糊限制语这几个方面介绍了文本和图像的批评性分析方法。

在引言部分，Machin 和 Mayr 首先探讨了产生意义的方式。他们指出，越来越多的语言学家和话语分析家对分析意义是如何通过语言以及视觉语言来传递的产生了兴趣。其实很多篇章语言学的分析也可以通过它们的视觉特征来传递，而这些视觉特征正是他们之前在理解意义的过程中所忽视的。显然，忽视其他意义传递方式是有问题的。虽然其他学科早就有研究视觉交际中意义产生过程的传统，比如媒体和文化研究、电影研究、符号学研究，但是一些理论学家，比如 Hodge 和 Kress（1988）、Kress 和 van Leeuwen（1996）觉得视觉分析依旧缺乏系统、准确、细致的分析工具。他们认为，韩礼德（1978）系统功能语言学分析中的一些原则既然能够成为大部分批评话语分析研究的基础，应该同样可以应用于多模态批评话语分析。Kress 和 van Leeuwen（1996）指出，当前最迫切需要的是一套可以用来分析视觉特征选择的研究工具，就如同批评话语分析中的那些研究工具让我们能够分析词汇和语法选择那样（P6-7）[1]。这种现实的需要也成了该书写作的动机之一。该书的写作据作者介绍有两个目的。第一，介绍一些批评话语分析家所使用的研究工具及如何利用这些工具来分析不同的媒体文本；第二，介绍一些分析视觉交际的有效方法（P1）。除此之外，作者还简要回顾了批评语言学、批评话语分析以及多模态批评话语分析的历史。关于多模态批评话语分析，Machin 和 Mayr 认为文本和图像都包含了说话者/作者为实现某种功能而做出的交际性选择。而多模态批评话语分析的任务就是在分析工具的帮助下，通过细致的描述分析来识别和揭露说话者/作者在交际过程中所做出的这些选择。但是对于多模态批评话语分析来说最核心的是 Fairclough 和 Wodak（1997）提出的"批评性"概念。表面上语篇会使用一些看似普通或中性的语言和视觉策略，但实际上它们却带有一定的意识形态，试图为了某些特殊的目的而刻意塑造事件和人物的表征。因此，多模态批评话语分析就是要"非自然化"（denaturalise）其他交际模态的表征，揭示那些存在于图像和文本当中的思想、缺省以及一些习以为常的假设，最终服务于揭示隐藏于它们背后的权力和利益关系（P9-10）。

第一章首先阐述了该书的理论基础。作者坦承，该书中的多模态批评话语分析所采取的形式主要借鉴的是韩礼德的社会符号学理论。这种理论为语言研究提供了一种特别的视角，因为它把语言看作是一套资源。正因为如此，它关心的是如何描述这套资源以及识别它们所具有的意义潜势（即在语境中它们可能会被"激活"的一些意义），然后再揭示它们是如何在一定社会场景当中用于实现特殊目的的。接下来作者提出了一个多模态批评话语分析的分析框架。首先，描写在会话、文本和图像中的符号选择；其次，识别以上符号选择更广泛意义上的联想义，特别是那些隐含的联想义。最后，揭示这些符号选择背后隐藏的意识形态和权势关系。除此之外，作者还对话语（discourse）的含义进行了探讨。在该书作者的眼中，"discourse"这个概念指的是社会中的人们所共享的关于世界如何运作的一些最广泛的认识。话语包括思想、价值、身份以及行动序列。

第二章介绍了几种可以对文本进行基本词汇分析的工具，比如词语内涵（word connotations）、过度词汇化（overlexicalisation）、压制/词汇空缺（suppression/lexical absence）、结构对立（structural oppositions）、词汇选择（lexical choices）和交际风格（genre of communication）。作者利用这些工具分析了大量不同体裁的语篇，比如宗旨说明（mission statement）、新闻等等。视觉符号方面，本章从图像学（iconography）、象征（attributes）、场景（settings）和显著性（salience）四个方面分析了两个网站主页（即中英格兰健康基金主页、北格拉摩根健康基金主页）上的几幅图像。作者分析后认为词语和图像中的基本选项可以创造意义场（field of meaning）。它不仅可以前景化/背景化意义，而且可以压制一些意义或者暗示其他意义。这种方法证明可以对事件和社会实践进行意识形态解读，比如那些没有明说的身份（identities）和行为（actions）（P56）。作者认为视觉符号具有与语言资源截然不同的意义潜势，因而可以在交际中与语言互补，利于交际。

第三章讨论表征说话者态度的符号资源。本章首先分析的是描述人们说话方式的引述动词。引述动词指的是描述人们说话方式的词语，比如：Jack grumbled about his coursework。对于什么是 grumbling 没有一个客观的衡量手段，因为它本质上是阐释性的。但是通过这个例子，我们可以看出本句含有两层评价意义。第一，杰克的抱怨无正当理由。第二，杰克的话不必当真。作者研究了不同类别的引述动词以及它们如何被用来帮助人们评估说话者及其说话内容。研究显示，由于使用了一些引述动词，整个事件、断言（assertion）或问题在语篇中可以被重塑。接下来作者考察了如何通过视觉符号资源来表征说话者的态度。作者首先研究了图像中凝视的意义，比如：图像中的人物怎么看？他们是不是向外张望看着观众？如果不是，他们往哪儿看？作者认为，所有的这些选择都具有重要的意义潜势（P12）。最后，作者还从图像学的视角分析了姿势（pose）的意义潜势。

第四章特别关注的是表征人的语言/视觉符号资源。在语言和视觉交际中有很多可以选择利用的符号。通过符号选择，我们可以有选择地将身份的不同方面前景化或背景化。而通过这些，我们又可以选择支持或者反对某人。在更大的语境当中就是选择将他们合法化或非法化。作者认为，任何语言当中都不存在对人的中性表征，换言之，在任何语言中对人的表征都是有态度的。所有选择都会将我们的注意力吸引到身份中的某些方面，而这些方面又和某种话语是联系在一起的（P77）。比如下面这个新闻标题：Muslim man arrested for fraudulently claiming benefits。实际上，描述这个人有很多种可能的方式：an Asian man，a British man，a Midlands man，a local office worker，a Manchester United supporter，a father of two young daughters，a man named Mazar Hussein。每一种描写方式对于作者和读者来说都能实现某种心理的、社会的和政治上的目的。如果把上文的那个标题改为：Father of two young daughters arrested for fraudulently claiming benefits，意义就会发生改变。第一个新闻标题强调的是"排他性"（otherness），因此标题中的人所代表的群体，即穆斯林，也变得有问题。而改后的标题通过指称这个人为"father"实现了对这个人的人性化处理，因此就有了截然相反的效果，因为这个人成了"我们中的一员"，即自己人。指称变化后的一个可能的结果是会让读者认为在那种情况下，欺骗是可以理解的，因为这个人有可能是为了照顾他的两个女儿才被迫行骗（P77-78）。类似的表征策略在本章的上半部分得到了重点介绍。下半部分，作者介绍了 van Leeuwen 对人的分类方法及其蕴含的意识形态效应，并将它们实际应用到三个个案研究当中。具体的分类方法有人格化/非人格化（personalisation/ impersonalisation）、个人化/集体化（individualisation/ collectivisation）、具体化/类型化（specification/genericisation）、使用姓名/职务/尊称（nomination/functionalisation/use of honorifics）、客观化（objectivation）、匿名化（anonymisation）、集合化（aggregation）、使用物主代词/名词来排他（pronoun vs noun: the "us" and "them" division）、压制（suppression）。与之相对应，作者还介绍了在视觉交际中对人的表征策略，比如利用图像中的人与观众的距离、角度等等。最后，作者介绍了与语言策略类似的一些视觉策略，比如个人化/集体化、类型化/具体化描写、排他策略。

第五章研究的是那些表征人们行动的语言学和视觉符号资源，即及物性。本章的分析基于韩礼德的及物性理论（Halliday, 1985）。所谓及物性其实就是研究人们做事是怎样被描述的，广义上来讲，它指的是谁对谁做了什么，怎么做的。对小句结构的及物性分析可以揭示在每个具体的小句中，谁扮演了重要角色，而谁又是行为后果的接受者。韩礼德强调语法是一套选择，而说话者和作者会根据社会环境做出选择。其中及物性在语言意义产生的过程中扮演了关键角色。这就意味着选择某些语言形式常常会有意义，有些意义也许还是意识形态性质的（P104）。该书作者认为，语篇中用来表征人们行动的词汇和图像可以影响我们对参与者、事件和情境的认知。这些选项也可以让我们不知不觉地支持或反对参与者。我们对人的认知不仅受到上述表征策略的影响，也受到行动表征的影响。对同一行动进行表征的资源有很多，表征的方式也可以截然不同。比如，突出/掩饰谁是施事、谁应该负责、谁是行动的受事。作者建议，在进行及物性考察时，可以调查参与者是否总是被表征为在进行物质性活动，而其他人则总是在进行思维活动（似乎这样预示着他们更睿智）。最后本章还讨论了行动的语法定位（grammatical positioning of actions）、修饰动词的附加语以及行动的抽象表征。

第六章关注的是用于隐匿的两种语言策略：名词化和预设。所谓名词化指的是用名词来表征动作过程。它是隐匿动作施事、具体行为以及事件发生时间的重要手段。预设的巧妙使用也可以隐藏意义或者将那些明显有争议的事情表现得理所当然、无可争议。本章首先总结了名词化的八个重要作用，即消除责任主体的责任、隐藏施事和受事、消除时间感、弱化因果关系、创造新的参与者、成为稳定的实体、制造行动感、压缩细节

（P139-144），然后考察了它们的一些策略化用法。最后，作者通过研究几个经典案例，讨论了预设在语篇中，特别是在政治演讲语篇中的使用。

第七章讨论的是话语中的隐喻。人们普遍认为隐喻是些花里胡哨的语言，与诗歌类事物密切相关。但是作者却赞同语言学家的最新观点，认为隐喻是人类思维的基本特征。隐喻思维存在于人类所有对世界的表述当中（P163）。另外，隐喻与真理也并不矛盾，它是描述和思考世界的基本方式。作者认为，隐喻除了能帮助理解事物以外，还能在突出事物某些方面的同时起到背景化或压制其他方面的作用。本章考察了在不同语境中使用的各种隐喻和其他比喻（比如转喻、提喻）是如何试图塑造人们认识的同时也规避某些细节，并指出其目的无非是为了方便政治操控。

第八章讨论的是文本和视觉交际中的情态和模糊限制语。情态是介于是否两极之间的程度，其功能是"识解是否之间的不确定区域"（Halliday，2004: 147，转引自杨信彰，2006）。作者认为，在语言当中情态不仅可以揭示人们自我感知的状态，也可以故意用来含糊其辞。在视觉交际中，情态能准确告诉我们，通过什么方式可以让图像的某些方面更加真实或者相反，根据它我们可以做出怎样不同的真实性判断，是自然真实性（naturalistic truth）、科学真实性（scientific truth）还是感觉真实性（sensory truth）。这些可以与语言符号资源结合在一起表达话语意义的不同层次。模糊限制语指的是说话者和作者避免太过直接或具体而使用的一种语言手段。因而，它可以为行为的后果提供一个缓冲。同时，这种模糊限制语也可以给人以实际上很精确、具体的印象。

该书的结论部分总结了针对 CDA 的一些主要批评：1. CDA 不是唯一的"批评性"方法；2. CDA 是一种阐释，并非分析；3. 大多数情况下，CDA 都忽视了真正的读者和听众；4. CDA 不够重视语篇的产生过程；5. CDA 不够重视认知；6. CDA 选择性太强，太片面主观；7. CDA 过于热衷促成社会变革。针对上述批评，该书作者引述了 van Dijk，Fairclough 以及 Wodak 等著名学者的观点予以回应。最后，作者建议为了应对以上批评以及为了 CDA 研究能够更加深入、丰富、繁荣地发展下去可以考虑将语料库语言学以及民族志的方法引入到 CDA 当中。

2. 简评

该书是二位作者近几年研究多模态话语分析不断深入的学术结晶。总的来看，该书布局合理、条理清晰、内容连贯、语言流畅、可读性强。除此之外，它还有以下特征。

第一，该书最大的贡献在于它详细而深入地探讨了如何从批评的视角来分析视觉交际，因而极大拓展了批评话语分析的研究空间。之前的绝大多数批评话语分析集中在语言学分析上，而对于其他一些符号模式则重视不够。而多模态话语分析的著述虽然有很多，但是从批评话语分析的角度来分析的却很少见。因此，该书的出现无疑弥补了以上二者的不足，对于视觉分析和 CDA 相结合的研究来说起到了积极的推动作用。

第二，"在多模态话语分析中，语言使用的分析和解释往往需要考虑同现的其他符号资源，研究多种符号系统协同使用产生的意义"（杨信彰，2013: 19）。这一点对于多模态批评话语分析来说同样适用。该书的一大亮点就是它并不孤立地研究文本或图像，而是将它们整合在一起描述，注意研究它们在意义表征过程中的角色分配以及由搭配而产生的新的整体意义。

第三，该书的另外一个亮点在于它的实用性。该书不仅介绍了翔尽的研究工具和研究方法，还提供了非常多的个案研究供读者参考。个案研究中涉及的体裁也非常丰富，既有小说、杂志、广告、新闻、演讲，也有宗旨说明、网站主页、音乐视频等等。因此，它具有很强的工具性和比较广泛的参考价值。

第四，体现了多模态话语分析的跨学科性。作者在解读图像的意义潜势时不仅参考了语言学家的观点，而且还注意参考一些视觉艺术家的观点。例如，在解读姿势（pose）的含义时，作者就引用了一位摄影师的观点（P74）。这样的处理使得该书的阐释更具说服力，结论也更加令人信服。

最后，批评话语分析当中最难分析的是那些符合分析者自身意识形态的文本（P47）。也就是说，批评话语分析者在分析的过程中最难克服的是自身意识形态的禁锢和影响。然而该书的作者却能做到在分析的过程中始终审视自己的立场是否影响到对文本/图像的解读，及时进行自我批评。另外，该书在结论部分对 CDA 批评的总结也体现了批评话语分析一贯的学术立场，即坚持反思与做事并重。做事就是解决社会问题，反思就是随时清楚研究本身的不足（Pennycook, 2001）。

除了以上优点，该书也存在着一些不足。首先，该书着墨的重点在于对 CDA/MCDA 研究方法和工具的介绍上，分析的框架主要借鉴的是韩礼德的系统功能语言学理论和社会符号学理论以及 Kress 和 van Leeuwen 的视觉语法理论，因而该书在 CDA/MCDA 理论建构方面的贡献不多。其次，该书的第六章和第七章仅仅关注语言策略而忽略了对视觉选择的分析，这与作者整合语言和视觉分析的写作初衷明显不符。另外，所分析的语料缺乏代表性，研究结论带有局限性。Stubbs（1997）曾经批评 CDA 研究不够系统，研究结论缺乏语言证据的支持（转引自 Fairclough & Wodak, 1997）。该书也不例外。由于该书研究的所有语篇都是"个案"，缺乏大型语料库的数据支持，因此其研究结论难以推而广之，其研究价值自然也就大打折扣。如果作者能够将个案研究中的发现拿到大型语料库中去检验，必然会有更多的研究发现，研究结论自然也就更加令人信服。

尽管该书有些瑕疵，但瑕不掩瑜，笔者认为该书是了解批评话语分析，特别是多模态批评话语分析最新动态的一本极好的入门书。它不仅对媒体文化研究领域的学生和学者具有很高的参考价值，对于那些对话语分析感兴趣的学生和学者来说也是如此。

注释：

1 文中只标注页码的均出自 David Machin 和 Andrea Mayr 编写的 *How To Do Critical Discourse Analysis: A Multimodal Introduction* 一书。

参考文献：

Baldry, A. & Thibault, P. 2006. *Multimodal Transcription and Text Analysis: A Multimodal Toolkit and Coursebook*. London and Oakville: Equinox.

Fairclough, N. & Wodak, R. 1997. Critical Discourse Analysis. In T. van Dijk (ed.). *Discourse as Social Interaction*. London: Sage. 258-285.

Halliday, M. A. K. 1985. *Introduction to Functional Grammar* (2nd edt. 1994). London: Edward Arnold.

Hodge，R. & Kress, G. 1988. *Social Semiotics*. Cambridge: Polity Press.

Kress, G. & van Leeuwen, T. 1996. *Reading Images: The Grammar of Visual Design*. London: Routledge.

Kress, G. & van Leeuwen, T. 2001. *Multimodal Discourse: The Modes and Media of Contemporary Communication*. London: Arnold.

O'Halloran, K. L. 2004. *Multimodal Discourse Analysis—Systemic Functional Perspectives*. London: Continuum.

Pennycook, A. 2001. *Critical Applied Linguistics: A Critical Introduction*. Mahwah, New Jersey, and London: Lawrence Erlbaum Associates Publishers.

李战子，2012，多模态符号学——理论基础，研究途径与发展前景，《外语研究》第 1 期，1-8 页。

杨信彰，2006，英语的情态手段与语篇类型，《外语与外语教学》第 1 期，1-4 页。

杨信彰，2013，话语与语篇的研究：理论和方法，《中国外语》第 4 期，18-19 页。

作者简介：

韩存新，男，湖北蕲春人，讲师，博士生。研究方向：批评语言学、语料库语言学。

纪玉华，男，山东青岛人，博士，教授，博士生导师。研究方向：批评语言学、跨文化交际学、英语教学法。

《话语研究论丛》第一辑
2015 年
第 144-150 页
南开大学出版社

书 评

《中国话语研究》述介[*]

Shi-xu. 2014. *Chinese Discourse Studies*. Basingstoke, England: Palgrave Macmillan. pp. X+223. ISBN: 978-1-137-36503-3

◎ 袁周敏　　浙江大学当代中国话语研究中心

1. 引言

　　随着社会科学研究的国际化以及话语研究的进一步推进，基于国别的相关研究引起广大学者的重视与国际社会的关注。而中国作为世界头号工业生产国和货物贸易国，全球第二大经济体以及连续多年世界第一外汇储备规模，她的一举一动都吸引着全球的目光和观察家的关注。研究中国则预设着研究有关中国的话语总和，因为"没有话语，就没有社会现实；不理解话语，就不能理解我们的现实、我们的经历和我们自己"（Phillips & Hardy，2002: 2）。在这一背景下，教育部长江学者、浙江大学当代中国话语研究中心施旭教授的专著 *Chinese Discourse Studies* 于 2014 年由 Palgrave Macmillan 出版，其意义非同寻常。伴随着民族复兴的脚步，中国的高速发展引来西方国家各种观点不一的回应。正如 Shi（2014）在前言中所言，如果说以前西方认知的是一个神秘的中国，那么现在的中国则激起了人们无限的遐想，有人着迷、惊讶、困惑，也有人焦虑、烦躁、反感。这些对中国的认知当然也反映在世界唯一超级大国美国对华的政治、经济、军事、外交政策上，例如，在中国周边部署航空母舰和 B-52 轰炸机的具体行动上。仅从这一点来说，我们就有必要向国际社会展现一个真实的美丽中国，进而消除人们的猜疑、敌对甚至无

　　[*] 通讯作者：袁周敏
　　　　联系地址：浙江省杭州市（310058）浙江大学当代中国话语研究中心
　　　　邮箱：yuanzhoumin@163.com

端的指控，而这就需要基于中国语料开展深入的、系统的、面向国际社会的文化话语研究。因此，可以说，*Chinese Discourse Studies* 一书的出版非常及时。本文拟对该书进行简要介绍，以便国内学者更好地了解文化话语研究的背景和中国话语研究的范式。

2. 内容简介

全书依次分为引言、第一部分、第二部分和后记。引言为"解构西方话语分析"，后记为"议程、对话与实践"。主体为第一部分的"范式建构"和第二部分的"当代中国话语"。下面逐一介绍。

引言"解构西方话语（研究）分析"指出中国话语研究（CNDS）是文化话语研究（CDS）的一部分。本书旨在构建中国话语研究的中国路径，"它植根于中国的文化与历史，包括学术遗产，将当代中国的话语与传播实践视作可分析的实证的研究对象，从文化—政治出发关照中国的社会—经济发展"（P1）。作为人类文化的一部分，中国话语必然带有中国的文化—历史特点。因此，中国话语研究应该扎根于本土，同时具有全球视野，对中国话语和传播实践保持文化自觉与批判意识。基于这个前提，作者对根植于西方的批判话语分析传统进行了述评。作者认为各种流派各种形式的批评话语分析有两大基本特征，即其一研究体系的普世性，包括研究的理念、理论、方法与问题等；其二，该种研究体系的普及化，伴随着西方的文化霸权以及强大的经济资本和市场能力，将其研究体系单向度传播到第三和第四世界（施旭，2013）。在指出主流学者以及东西两大阵营的研究人员质疑批评话语分析和西方文化霸权之后，作者提出文化平等和文化特性的命题，认为需要以中国视角基于中国文化特性来研究中国的话语，并进而从思维模式、哲学取向、理论基础、研究方法、研究对象与研究问题几个方面阐释了中西话语研究差异，这些差异或多或少地体现在二元对立与整体思维、个体理性与社会道义、言中之意与言不尽意等方面。作者尖锐地指出，部分的全球化以及基于普世标准的本土视角都将剥夺、湮没发展中国家和第三世界国家学者与学生的身份与声音（P13），再次呼吁话语研究的文化转向。

第一部分"范式建构"按照从宏观到微观、一般到特殊的顺序依次建构了不同层面的话语研究范式，包括文化话语研究、东方话语研究以及当代中国话语研究的范式。第一章"文化话语研究"首先介绍了文化话语研究的背景，即打破话语研究的西方中心主义的桎梏。实际上，文化话语研究受到下列三个因素的推动：发展中国家学者基于本土研究的兴起、根植于文化的研究框架的发展以及社会科学界普遍的文化自觉意识的突显（P21）。因此，从某种程度上说，文化话语研究是对文化霸权、文化操控、文化殖民、文化不平等的回应，同时也是发展中国家和第三世界的自我觉醒。打破国际范围内的美国中心主义与文化同质性实际上是对文化多元性和文化繁荣的重大贡献，也是重建国际文化新秩序的需要。作者基于文化话语研究的两大基本假设，即不同社群交际方式的文化特异性以及国际秩序中的美国—西方中心主义特征，提出了文化研究的四大基本原则：整体辩证地研究人类交往、同时采用本土视角和全球视野、以文化和谐与文化繁荣为基本准则、在具体研究方法上做到兼收并蓄。分析维度上，作者提出 SIMPHC 分析框架：话语主体（Subject）、话语目的/形式/关系（Intent/form/relation）、话语媒介（Medium）、话语目的/效果（Purpose/effect）、历史（History）、文化（Culture）层面。作者指出文化话语研究的最终目的在于通过补足现有话语研究，促进文化对话和增进相互谅解，进而为人类的文化繁荣与文化平等做出应有的贡献。

第二章"东方话语研究"描述了非西方话语的文化特性，即亚洲、非洲、拉丁美洲以及其他第三/第四世界的文化话语特性。接着介绍了东方国家的学术传承及取得的成就，而这正是话语研究东方范式重建的基础与条件。作者认为我们应该超越地理的概念理解西方中心主义的话语研究，它不仅是指西方学者本身的话语研究，同时也包括基于西方理论开展研究的各类学术成果。这进一步助长了西方中心主义的传播，同时加强了本土研究的边缘化。作为对西方中心主义文化政治回应的东方学术，作者认为：（1）东西方话语并不是简单的二元对立，而是相互联系的辩证的文化实体，同样，东方话语内部以及亚洲话语内部细分也是如此。本书强调的是西方话语的普世叙述会阻碍甚至掩盖东方的文化身份与话语声音。（2）东西方话语概念还涉及历史进化而来的，并仍然得以延续的文化权势关系及其实践。（3）东西方话语概念应视作非西方学者重构文化—学术身份与声音的路标。之后，作者分析了东方话语范式建构所共有的外部语境和文本生产与阐释的"家庭相似性"，并且从三个方面梳理了东方话语重建的现有学术与文化资源：（1）东方国家认识宇宙的以下两点共同之处：本体论上，具有共同的整体思维以及和谐取向的基本世界观；认识论上，具有辩证法思想，认为事物不止一面，应该从两面或者多维度去认识与探究。（2）东方国家传统的概念、理论与方法。（3）东方国家持续稳定增长的研究文献。除此之外，作者提供了大量的其他可供东方话语重建的资料与相关研究资源。本章还提出了东方话语范式重建的四条原则：根植本土，放眼世界；保持文化与知识身份；不能忘记并有助于东方国家历史与当今现状；必须能够与西方范式展开对话。最后提出了具体的行动策略。

第三章"中国话语研究"首次提出了综合的系统化的当代中国话语研究框架。作者将中国话语界定为：当代中国社会文化生活所有形式的总和，语言使用是其必须且重要的组成部分（P56）。作者将该种社会文化生活形式称为传播事件和活动（communicative events and activities），并简称为"话语"，从这个意义上说，本书中的传播与话语互换使用。本章在论述建构中国话语研究范式的原因之后，提出了建构的目标、原则与方法论等：（1）中国话语研究范式建构的目标为：第一，让中国更好地了解自己从而有助于自身发展，同时让世界更好地了解中国从而促进跨文化交流。第二，创造并建构中国的国家学术身份，从而促进多元文化对话以及展开学科批判。（2）还包括以下原则：根植本土，反映中国文化学术特性并能够为中国的现实问题提供答案；放眼世界，以开放的胸怀对待国际研究传统并对人类文化共存、和谐与繁荣有所补足；面向全球，积极融入跨文化—智力的交流、对话与批判。（3）方法论上，需要采取：第一，中间文化策略（in-between cultural strategy），既要精通本土文化，更要熟悉西方和其他发展中国家文化，需要融合本土文化和多元文化视角；第二，要有历史自觉自醒意识：话语具有历时变化特征；历时话语是辩证联系的；赋予中国和其他文化的传统经典以现代化气息。（4）建构中国话语研究范式需要广大学者以及学生通力协作。

本章还论述了建构的实践基础（文化传统、发展现状、全球话语秩序）以及学术资源等。之后，作者详细论述了中国话语研究范式建构的哲学基础、理论基础（提出了当代中国话语的十大命题）、方法论框架与研究问题。在拟定了话语研究的中国方法论目标的基础上，作者提出了中国话语研究方式构建的"创造性合成"研究方法（P105），其中，一般性原则包括整体原则、历史原则、辩证原则、本土化与全球化原则、同时基于证据与经验原则以及持续性与对话性原则；接着从语料搜集、语料分析与语料评价三个方面论述了具体的研究方法。相应的研究问题需要关注中国的发展话语、行业话语、政府话语、教育话语、民族话语、主权话语、环境话语、公用危机话语、国家安全话语、文化演变话语、跨文化传播话语等（P112）。

第二部分"当代中国话语研究"基于以上提出的研究范式具体分析了中国人权话语（第四章）、贸易纠纷话语（第五章）和城市发展话语（第六章）。第四章"话语与人权"首先指出对于中国的政治话语研究，国际学术界通常采取西方中心主义视角，从政治经济和国家政治角度进行考察，因而认为中国政治话语具有极权与固定不变的特征，而本书认为随着改革开放的推进与中国经济的高速发展，中国政治话语必然是动态变化的，具有批判创新意识以及反抗文化霸权的特点，应该采取历史的文化的路径进行话语研究。作者接着对中国人权话语展开个案研究。诚然，中国人权状况还存在诸多问题，完整地理解中国的人权话语需要动态地从跨文化的角度考察其话语主体、话语形式以及话语媒介等。通过对中国人权话语的背景数据和焦点数据进行翔实的分析，作者指出，中国的人权话语发展的特点体现在以下几个方面：从对人权缺乏了解到作为国际发言人，从政治—理论性的话语参与者到多元化多样性参与，从普遍人权路径到以发展为取向的路径，从审慎心态到大量官方话语的传播，从正式话语到大众流行话语，从被动的听众到主动的参与者等。

第五章"话语与贸易纠纷"将贸易纠纷话语界定为一种文化话语现象，并就2005～2010年中欧鞋类贸易纠纷话语展开研究。贸易纠纷不仅仅是倾销、关税和货币问题，同时也是话语问题，需要采取历史的和跨文化的方法梳理纠纷产生的国际国内背景和不同文化对纠纷的认知与表述。作者指出中方贸易话语缺乏国际上处理贸易纠纷的一些重要特质，表现为中方话语布局的被动参与、中和冲突（包括整体性讨论、辩证性论辩、通过解释试图抹除冲突而不是正面面对）以及媒介使用不足（缺少官方参与沟通、缺少其他语言媒介）。作者从历史和跨文化的角度指出了造成这些不足的原因，例如，中国加入世界贸易组织较晚，对国际规则缺乏了解、中国传统的贵和尚中的理念以及整体辩证的思维方式等。作者指出国际贸易纠纷中，中欧都应该意识到双方以及发展中国家在话语理念以及话语策略使用上的不同，纠纷双方都应该采取具体的方法改善话语表达，促进沟通。

第六章是"话语与城市发展"。城市发展的研究通常是经济学、管理学、地理学、人类学与社会学等学科的课题，本章基于文化话语研究路径，将城市发展视作一种基于文化的话语/传播事件，"聚焦中国社会经济发达的历史风景名城杭州，对有关城市发展的话语进行分析和评价"（施旭，2008：32）。本章发现杭州城市发展中民众参与程度提高，城市发展主题呈现多元化趋势，发展话语内容丰富，杭州赢得多种国际荣誉，但同时忽视了对自然和文化的关怀。从历史分析的角度看，杭州城市发展公众的话语权不断提高，政府通过公众参与与公示环节，在许多市政建设上发挥了普通民众的作用。媒体的使用更为多元化，景点的选择与命名更为民主化，"大众的参与在一定程度上促进了景点在杭州的平衡分布，因而民主的发展话语有利于发展本身"（2008：37）。

"后记"部分，作者在总结本书的主要观点与发现之后，提出需要进一步深化和扩展中国话语研究。作者认为尽管本书首次提出了一套系统的文化自觉的话语分析框架，但在很多细节方面还是尝试性的，甚至不完整的。在理论与方法论方面，需要进一步拓展，进行精细化处理，还可以借鉴多样化的国际学术传统丰富和补足理论体系。作者指出"跨文化的探索、比较与对比能够进一步带来文化探索、学术革新和人类的互相理解"（P197），并具体提出了中西文化可能的六大结合点。作者认为本书的框架可以应用到大中华区以及海外华人社区，并且需要走向国际，通过构建中国的文化身份与国际进行对接与对话，从而消除基于非文化与非历史，特别是美国中心主义视角下产生的神秘化中国的话语，例如"中国威胁"与"信任缺失"等。

3. 简评

本书作者多年来引领文化话语研究，曾在荷兰、新加坡和英国的大学里任访问学者、讲师、副教授，在众多著名国际杂志上发表论文，已出版四本国际著作。作者一贯主张必须将当代社会语言活动（如政治话语、经济话语、媒体话语、科学话语等等）作为不同文化相互竞争、相互合作、实现文化变革的现象来研究，这一思想同样贯彻本书始终，具体说来，本书体现了以下三大特色。

（1）将话语研究提升到文化政治层面。在西方中心主义和文化霸权的国际社会语境下，许多东方国家，包括发展中国家与第三/第四世界国家，在国际学术舞台上处于失声的状态。因此，作者致力于重构东方话语研究范式，以改变、补足这一支配形式的话语研究现状，并对这种西方中心主义的单向度流动产生制衡，从而帮助东方国家和第三/第四世界构建文化身份，并在国际舞台发声。这将进一步推动人类文化平等性和多样性发展。因此，本书所倡导的文化话语研究有别于从本土文化出发阐释交际实践的文化分析方法，也区别于探究不同民族不同国家之间的文化差异的跨文化研究。从作者的引用和行文来看，这或许受到著名文学理论家、批评家萨义德（Said）和斯皮瓦克（Spivak）的影响，旨在试图抵制西方控制与君临东方的姿态，摆脱西方殖民主义和帝国主义的意识形态操控。然而，不同的是，本书作者似乎没有陷入批判西方话语的"双重文化身份"困境，即受西方教育浸淫并在西方国家任教的具有东方血统的学者对西方主流文化的挑战和批判所面临的与生俱来的困境。正因为如此，本书作者或许可以避免来自自身的角色冲突，进一步推动东方和西方的跨文化交流与平等对话。

（2）采取历史—文化的视角重构话语研究范式。作者通篇强调话语研究不能孤立片面地展开，而应该从发生/发展的过程动态地跟进，并基于话语所根植的文化语境系统考量。本书提出了文化话语研究的基本原则和 SIMPHC 分析框，接着又论述了东方话语研究和中国话语研究范式的建构及其原则与方法，系统梳理了范式建构的内外部环境与学术资源，提出了中国话语研究的十大理论命题，并融合了福柯话语分析方法、伽达默尔的诠释学以及巴赫金的对话学研究方法（P111）。无论是文化话语研究范式、东方话语研究范式还是中国话语研究范式，作者均指出根植本土、放眼世界的重要性，要基于本土文化与资源，采取国际视角，贯通融合，从而促进人类文化繁荣、平等与和谐。

（3）创新性地将文化话语研究框架应用于分析中国的重大实际问题。作者在第二部分运用本书的研究框架分析了当代中国所面临的三大具体问题，即人权事业、贸易纠纷与城市发展，补足了传统政治学、社会学、管理学、贸易学路径的研究缺陷，并针对性地提出了一些解决方案。例如中方人权话语需要变被动接受为主动参与；中方贸易纠纷话语需要了解国际贸易纠纷处理的规则，正面面对冲突，减少贵和尚中的表达；城市发展需要关注自然与人文；等等。

作者指出，话语范式的建构并不是为了取代或者颠覆现有的国际研究传统，而是从另一个角度展现国际话语研究的全貌，消除人类文化隔阂与误解，在促进东西方文化双向流动的同时，使得东方在国际舞台构建身份并发出自己的声音，进而促进人类的和谐共存与发展。诚然，如作者所言，本书理论建构的细节是尝试性的，具体分析维度还不完整，还需要借鉴、整合中西话语研究的框架与方法，进一步补足与完善。然而，瑕不掩瑜，本书理论背景宏大，涉及社会科学的多个维度；范式建构清晰，从基本原则到理论框架与方法论的论述清楚翔实；理论目标明确，即打破西方中心主义的研究范式，促进人类文化的繁荣、平等与和谐。在具体分析环节，语料丰富，例证充分，为理论应用提供了示范与参照。可以说，本书是文化话语研究的必读文献，同时也是世界了解中国的重要读本。

注释：

本研究为中国博士后科学基金面上资助项目（2013M531442）和浙江省博士后科研项目择优资助（BSH1302096）的部分成果。

参考文献：

Phillips, N. & Hardy, C. 2002. *Discourse Analysis. Investigating Processes of Social Construction* (*Qualitative Research Methods* Series 50). Thousand Oaks, CA: Sage.

Shi Xu. 2014. *Chinese Discourse Studies*. Basingstoke, England: Palgrave Macmillan.

施旭，2008，从话语研究的视角看城市发展，《文化艺术研究》第 1 期，32-43 页。

施旭，2013，文化话语研究简介，《中国外语》第 3 期，1/20-22 页。

作者简介：

袁周敏，南京邮电大学外国语学院副教授，硕士生导师。研究方向：语用学、文化话语研究。

《话语研究论丛》第一辑
2015 年
第 151-157 页
南开大学出版社

《语境中的语篇》评介*

Flowerdew, John (ed.). 2014. *Discourse in Context*. London, New York, New Delhi, Sydney: Bloomsbury. pp. 349

◎ 张蕾　　天津外国语大学英语学院

　　《语境中的语篇》是"当代应用语言学"（Contemporary Applied Linguistics）系列丛书的第三部。此系列丛书由伦敦大学伯贝克学院李嵬教授主编，汇集了应用语言学领域多位著名学者的研究，旨在强调语言学如何与邻近学科结合，从理论和实证两个角度探讨真实世界中以语言为中心的问题。丛书的第一部《语言教学和学习》（*Language Teaching and Learning*）关注语言教育、师生关系与评价、教学法和多语现象等应用语言学领域的传统研究话题。第二部《现实世界中的语言学》（*Linguistics for the Real World*）突出了当代应用语言学的跨学科性，介绍了语言学在经济、法律、宗教、保健、旅游发展和媒体研究等领域的应用。而本文集作为丛书的第三部则着重探讨了应用语言学领域的语境思想。

　　语境是社会科学诸多领域都有所涉及的一个研究课题，除语言学外，社会学、认知心理学、人类学也有相关理论研究。然而，以前针对语境研究的著作还没有从语篇分析这个视角专门展开论述。语篇分析关乎语篇在相关语境下的产生与解读，因此语境这一概念成为语篇研究领域不可或缺的重要组成部分；这本论文集《语境中的语篇：当代应用语言学 3》由 19 名学者共同完成，他们分别从语篇分析的不同角度出发，首次尝试对不同情境和语域下语篇的产生以及语境的构建进行揭示。

　*　通讯作者：张蕾
　　联系地址：天津市河西区马场道 117 号，天津外国语大学英语学院
　　电子邮件：zhanglei@tjfsu.edu.cn

　　论文集包括 15 章。第一章是由编者撰写的简介。针对语篇分析不同研究视角赋予语境的不同定义、语境的多层次和动态性特征、语篇与语境相互作用的不同方式（索引性、语境化、互文性和元话语）以及对语境模型的关注，编者进行了一个简要总结。在某种程度上，简介部分提炼出了后面 14 章共同关注和体现的内容。在接下来的各章中，学者们基于各自的语境模型，分别从会话分析、社会语言学、语用学、系统功能语言学、批评语篇分析、语料库语言学和多模态语篇分析视角对不同语域的口语语篇、书面语篇和多模态语篇进行了分析。他们基于各自的研究目标和研究背景，使用或创建出不同的语境模型，突出了复杂语境的典型特征和不同层次。下面，我们将逐章对他们的研究进行介绍。

　　在第二章《性别表征研究中的语境因素：一项个案研究》（"Considering context when analyzing representations of gender and sexuality: A case study"）一文中，Paul Baker 应用语料库语言学中的索引行技术对《每日邮报》一则有关同性恋歌手死亡的报道如何表征"同性恋"，以及间接表达报道者对这一社会现象的何种立场进行了讨论。他指出在分析中考虑更广泛语境的必要性。这种语境包含了历史和社会等因素，例如《每日邮报》以往对同性恋的报道、《每日邮报》报道的过程和遵循的规则、同性恋社会地位的变化，以及揭示读者感受的互文性方面，包括针对这则报道的读者来信以及推特和脸书这两个主要的网络社交平台上的相关讨论和评论。这种更加广泛的语境模型有助于澄清报道中的一些歧义，弥补了语料库语言学在语篇分析过程中对社会层面的忽视。

　　同样借助于语料库语言学研究方法，Monika Bednarek 在第三章《"你是谁？"和"你为什么跟踪我们？"电视对话中的特殊疑问句与交际语境》（"'Who are you and why are you following us?' Why-questions and communicative context in television dialogue"）中，运用索引行和元语法探索了特殊疑问句在不同电视剧对话中的分布、变异和功能。考虑到电视剧这一特殊交际语境的语言表征，她在语境模型中特意强调了"偷听设计（overhear design）"（Bubel, 2008）这一概念，突出了电视剧的目标观众、相关的制作过程以及语篇在制片人与观众之间互相调节的重要性。在这一探索性研究中，作者仅仅关注了电视对话的某些方面，为这类语篇的进一步研究提供了更大的空间。

　　Janet Cotterill 在第四章《法庭话语与法庭不和：语境在英国刑事审判话语中证人盘问机制形成的作用》（"Discourse and discord in court: the role of context in the construction of witness examination in British criminal trial talk"）中结合语料库语言学和语篇分析的研究方法，探究了在法庭这种权利不对称的机构语境下产生的盘问语篇。她更加强调社会因素在批评语篇分析的语境模型（Fairclough, 1989, 1995）中的重要性，通过揭示像"for the jury""show/tell/explain to the jury"以及"show the jury"这类短语在语篇中的分布和功能，探讨了英国的陪审团制度是如何影响和控制证人和律师之间的交流。她对庭审这种展示性话语的分析为机构语篇的研究提供了很多启示。

在《经济全球化下的商业语篇：互联网上良好工作场所文化的构建》（"Business discourse in the globalized economy: the construction of an attractive workplace culture on the internet"）这一章中，Briitt-Louise Gunnarsson 综合运用社会语言学、篇章语言学、叙述学和社会学的相关理论，分析了 9 家跨国公司网站上关于职员的政策文件和职业生涯故事。她针对商务语篇构建了一个复杂的语境框架，通过识别以职业为导向的网络语篇中被前景化的内容和声音，阐释了跨国公司如何在科技经济、社会文化、法律政策和语言等四个次框架下树立自身积极正面的形象。

Michael Handford 在第六章《职业口语语篇中的语境：国际桥梁设计大会的语言和实践》（"Context in spoken professional discourse: language and practice in an international bridge design meeting"）中强调了职业口语语篇的各个层次所能体现出来的语篇与语境之间的关系，即语篇反映并构成语境而且在相关语境中获得意义。他的研究以语类研究和语料库驱动的语篇分析为基础，表明了重复出现和高频率的语法化项目能够揭示专业会议作为特定语类的特征，而它们的使用同样受到这种语类的制约。

Roxy Harris 和 Ben Rampton 在《没有保障的种族地位：一项情境化的实证研究》（"Ethnicities without guarantees: An empirically situated approach"）一文中对一个多民族城镇的日常交际语篇进行了细致研究。他们采用语言人种学的研究方法，指出话语意义在不同层次的语境中产生，并在不同语境转化中浮现。研究体现了日常交际中如何间接产生种族言论以及这些言论如何在交际者之间协商，揭示了语篇在一定语境中构成种族性的过程，为深入探讨种族这一社会问题提供了一个相当新的视角。

Christopher Hart 通过运用认知语言学中的语法理论阐释语境中的话语和意识形态构成，将批评语篇分析的研究重点转移到解释层面。在第八章《语法构建的语境：英国报纸政治抗议报道中的认知模型与概念化》（"Constructing contexts through grammar: Cognitive models and conceptualization in British newspaper report of political protests"）中，他对在线新闻报道中源于英国学费抗议的暴力事件进行了图示化、聚焦和凸显等方面的比较分析，借此体现出不同交际者头脑中的语法模式产生的不同认知模型。

Rick Iedema 和 Katherine Carrol 在第九章《基于语篇分析的卫生保健交际介入》（"Intervening in health care communication using discourse analysis"）里介绍了他们采用"分析干涉途径（analytical-interventionist approach）"完成的两个个案研究。在他们的研究中，语篇被看作是同时在临床实践和研究实践两个层面上运行的过程。反思式录像的民族志方法（the video-reflexive ethnography）使得理所当然的语境变得可视化，形成了一种新的注意结构，促使临床医生在实践上的转变，使研究者本身和参与研究者都参与到研究结果的构建中来。他们的研究范式跨越了语篇分析和医学实践两个领域的界限，对传统语篇分析提出了挑战。

Jackie Jia Lou 在第十章《空间概念中地点的力量》（"Locating the power of place in space"）中论述了三重地缘符号框架（tripartite geosemiotic framework）（Scollon and Scollon, 2003），并将其应用到对某个公司发起的华盛顿特区唐人街改造合法化的广告战的研究中。研究结果发现作为语境的空间与地点因素在语篇产生过程中的重要作用，同时也体现出语言在空间和地点之间的协调作用。他的批评语篇分析论证了空间和地点概念在话语的意识形态和政治经济之间的中介面地位。

在第十一章《复杂学术语境中的通用语语篇》（"Lingua franca discourse in academic contexts: Shaped by complexity"）中，Anna Mauranen 研究了学术事件中作为通用语的口语英语的使用情况，重点强调了复杂语境中的社会和语言因素。通用语使用者考虑到学术传统、社会级别、机构框架和有限的语言共享资源等各种因素来协商他们所要使用的语言，其中，学术背景在互动过程中被赋予了优先权，凸现了交际目的在语篇生成和阐释中的决定性作用。

Kay L. O'Halloran, Sabine Tan 和 Marissa K. L. E. 在第十二章《语篇、语境、文化的多模态研究途径》（"A multimodal approach to discourse, context and culture"）中探讨了商业新闻网络对商业事件的表征。他们把语境看成是多模态符号使用的过程和产品，包括符号间的动态互动以及跨越时空的再符号化和再语境化过程。他们的研究表明新媒体技术的产生需要应用跨学科的研究方法。借用互动数字软件和可视化技术，调研者能够展示、抄录和分析超介导的商业语篇。语言符号和可视化符号的系统选择模式表明了商务语域内多模态语篇、情景语境和文化语境之间的关系。

随后两章都涉及对教育语篇的研究。在第十三章《对学校教育语境的干预》（"Intervening in contexts of schooling"）中，David Rose 和 J. R. Martin 呈现出如何以语类研究为基础对澳大利亚中小学的读写能力培养进行干预。他们在 Bernstein 的教育语篇理论的基础上重新设计了教学大纲，以便获取和评估学校教育对书面语类的掌控。研究还采用了悉尼学派的"语境中的语篇模式"来评估学生的书面作业，检测他们的语言读写能力的发展情况。他们的研究表明了综合语境模型在提高学生学习能力和改善学业成果评估方面的巨大作用。

在下一章《话轮分配与语境：扩大第二语言课堂的参与度》（"Turn-allocation and context: Broadening participation in the second language classroom"）中，Hansun Zhang Wariing 在会话分析框架下，运用课堂录像收集语料，研究了课堂师生交际语篇。他们发

现教师通过抑制第一轮回答或选择另一类别回答等话语实践来激发学生参与课堂活动的广度。在描述和阐释教师这种实践过程中，他们突出了课堂机构语境和课堂话语中序列语境的重要性。该研究不仅根据课堂交际中具体的学术场景将它与正常对话区分开，也充分重视了语境的浮现性。该研究结果突出了考虑宏观和微观语境在师生交际语篇意义产生过程中的必要性。

在最后一章《政治语篇分析——台前与幕后语境的划分：语篇历史研究途径》("Political discourse analysis—Distinguishing frontstage and backstage contexts: A discourse-historical approach") 中，Ruth Wodak 的政治语篇的跨学科研究探讨了"台前政治（frontstage politics）"和"幕后政治（backstage politics）"（它们的区别在于受众是否在场）。在对欧盟成员的个案研究中，她使用民族志的研究方法，运用她本人构建的四层次语境模型（Wodak，2011）展示了政治行为产生的过程。她的研究把批评语篇分析和其他社会理论相结合，反映了政治研究的跨学科发展趋势。该研究突出了多层次语境模型阐释政治语篇的互文性和再语境化的重要作用，并且研究中对政治家日常生活的调查使我们对政治有了更深入的了解。

以上研究者一致把语篇看作是在一定语境中使用的语言，并涉及句子层次以上的语言体系以及语言使用者的知识体系。我们可以看出，广义应用语言学认为语篇是社会实践的一部分，探讨语言在习惯性的、公式性的、机构化的社会活动中如何反应和构建现实世界。因此，揭示语篇与语境的关系既要关注社会情境的各个方面，也要考虑语言本身的结构变异。本文集的作者研究了各种社会情境中语言的使用，内容包括商务、教育、种族和民族、性别、跨文化交流、多语言环境、媒体传播、政治、医疗等领域中语言的使用策略和功能。对于语境这一概念，文集将它看作是语篇产生的各种情境，同时也详细显示出语篇分析者在研究中构建各自语境的过程。所以，本文集总体上关注了语言在语境中的使用，同时在每章节中，凸现了特定语篇社区中语言与其他社会实践成分的辩证关系，兼顾了小 D 语篇（"little d" discourse）和大 D 语篇（"big D" Discourse）的概念（Gee，2010）。

文集中各项研究也显示出新技术的涌现和全球化趋势使语言使用的情境更加复杂和广泛。例如，网络技术的发展改变了传统的商业运作模式，随即改变了商业语篇的语篇模式（第 12 章）；全球范围内学术交流活动的加强使人们更加关注学术参与者在多语言环境下的语言策略问题（第 11 章）等等。这些都促使语篇分析者在他们的语境模型中加入新鲜成分，包括更广泛的社会文化因素（如第 2 章）、认知因素（如第 8 章）、时间和空间概念（如第 10 章），也将非语言语篇模式纳入研究范围，如第 12 章的多模态研究。另一方面，语境的复杂性也迫使研究者根据自身的研究目标和研究背景优先考虑语境的某些层面和因素，而这又进一步决定了他们对研究方法的选择。因此，研究者借鉴传播学、民族志、人类学、政治学的研究方法，使本文集的研究方法呈现跨学科的特点。有时候，研究者需要跨越不同领域的界限搜集和分析语料，得出令人信服的研究结果，如在第九章卫生保健介入研究中，需要医学实践者和语篇分析者合作决定语料的取舍。

本论文集的每篇文章都依次包含了对研究目的、研究途径、语境模型的介绍，对个案研究背景的阐释，对语料收集和分析过程的具体描述和解释，以及对研究结果的呈现和讨论，结构完整，思路清晰，便于读者阅读与借鉴。以往语言学领域的语境研究着重在理论探讨，例如，维窦森（Widdowson，2004）在评价前人语境思想的基础上，提出语境是一种非固化的框架式建构，与其相关的社会文化因素形成语言语用处理过程的基础，从而强调语篇与语境的互动性。再如，范代克（Van Dijk，2008，2009）在两部相继出版的著作中把对语境的研究从语言学、社会语言学、认知心理学扩展到社会心理学、社会学和人类学，提出具有跨学科性的语境模型概念，指出它不仅涵盖个人知识体系（社会共享的）中的认知因素，也包含了意识形态等社会信念和权力及社会行为人身份各个方面的社会因素。他强调正是语言使用者这种动态的语境模型决定了他们对世界的描述、解读和阐释，在语篇和语境之间起到非常重要的中介功能。与此不同，本文集除了对于每项研究涉及的语境模型进行详细的解释和理论建构之外，研究者通过具体的个案研究过程描述，说明如何对其语境模型进行系统的应用。他们共同强调了语境在语篇生产和语篇解释中所起到的重要作用，对语篇研究领域的一些研究话题给予了特别关注，例如互文性、元语篇以及跨学科研究。就个案研究而言，文集的每一章都可以单独阅读。读者通过阅读某一章可以获悉在不同的情境下如何选择适宜的语篇研究视角，修正、融合现有的语境模型或者构建新的语境模型来探讨不同的语篇。更重要的是，某些语境模型的引入为我们研究传统的社会话题和社会现象（如教育成果、种族歧视、政治行为、全球化背景下的机构形象构建）提供了全新的视角和角度，充分体现了应用语言学围绕语言现象阐释和解决社会现实问题的语境思想。

参考文献：

Bubel, C. 2008. Film Audiences as Overhearers. *Journal of Pragmatics*, 40: 55-71.

Fairclough, N. 1989/1995. *Language and Power*. London: Longman.

Gee, J. P. 2010. *An Introduction to Discourse Analysis: Theory and Method* (3rd edition). New York: Routledge.

Scollon, R. and Scollon, S. 2003. *Discourses in Place: Language in the Material World*. London: Routledge.

van Dijk Teun, A. 2008. *Discourse and Context: A Sociocognitive Approach*. Cambridge: Cambridge University Press.

van Dijk Teun, A. 2009. *Society and Discourse: How Social Contexts Influence Text and Talk*. Cambridge: Cambridge University Press.

Widdowson, H. G. 2004. *Text, Context and Pretext*. Oxford: Blackwell Publishing.

Wodak, R. 2011. *The Discourse of Politics in Action: Politics as Usual* (2nd rev. edition). Basingstoke: Palgrave.

作者简介：

张蕾，博士，天津外国语大学英语学院教授，硕士生导师。研究方向：系统功能语言学、话语分析。